길은 만들어가는 것이다

가야농협 조합장 최덕규 이야기

길은
만들어가는
것이다

매일경제신문사

새로운 길 앞에 서서

보릿고개 세대의 막둥이로 태어나 지금껏 고향을 지키며 살았다. 신의(信義) 하나를 생명처럼 여기면서 앞만 보고 달려와 보니 어느덧 이순(耳順)을 넘어섰다. 그 시간의 대부분을 나는 농협과 함께 했다.

혈기만 믿고 겁 없이 달려들었던 20대 초반부터 오직 한 길만 걸어온 40년 농협 인생은 행복했다. 간판만 있고 사업은 없었던 가야 농협을 최고의 조합으로 만든 시간들, 파산 직전의 터전을 하나 된 마음으로 살려낸 순간들, 떠나는 농촌을 돌아오는 농촌으로 만들면서 겪었던 시련들, 순탄하지만은 않았던 가시밭길을 나는 '안 된다는 부정보다는 된다는 긍정'으로 청춘을 바쳐 개척했다.

지나온 길을 돌이켜보면, 나는 참 축복받은 사람이다. 지금까지 살아오면서 만난 모든 사람들이 오늘의 나를 있게 했기 때문이다. 처음 농협에 발을 들였을 때 부족한 나를 이끌어준 선배님들과 동료들, 40년을 한결같이 '한 우물 정신'을 이어올 수 있도록 지도 편달해 주신 1,600여 조합원과 지역민들, 중앙회와 지역본부, 군지부 선후배님들, 내가 만난 사람들 모두가 나에게는 힘이었고, 그 힘이 원천이 되어 농협운동가로서 후회 없는 삶을 살았다. 그래서 나는 지나온 날들이 아름답고 빛나는 시절이었다고 자신 있게 말할 수 있다.

이 책은 그 시절들을 돌아보며 기록한 나의 이야기다. 1장은 농민을 위한 삶을 살겠다는 꿈을 키워가던 이야기 몇 가지를 담았다. 2장은 내 삶의 터전인 가야농협에서 농협인으로 거듭나는 이야기를, 3장은 민선 1기 조합장으로 취임하여 가야농협을 일으켜 세운 이야기를, 그리고 4장은 일상의 기쁨과 중앙회 이사로 활동하며 느낀 단상 몇 가지를 담았다.

이렇게 책을 내는 것은 지나온 삶을 돌아보고 성찰함으로써 앞으로 걸어가야 할 길을 새롭게 그려보기 위해서이다. 아무쪼록 이 책에 담은 글들이 읽는 이들에게는 한 사람의 생을 들여다보는 즐거움이 되었으면 좋겠다.

나는 지금 새로운 길 앞에 서 있다. 개혁이란 깃발을 달고 세계화의 파고 속에 거친 바다로 나아가는 '농협'이라는 배가 그 어떤 바람에도 흔들림 없이 농민의 천국에 무사히 닿을 때까지 남은 생을 바쳐야 하는 역사 앞에 서 있다.

나는 믿는다. 갈수록 어려워가는 환경에서도 우직하게 지역경제의 발전을 위해 기여하고 있는 일선 농협들과 절망보다는 희망으로 생명의 땅을 일구고 있는 농업인 조합원들의 간절한 바람이 꽃을 피워 반드시 새 역사를 창조하리라는 것을.

나는 지금까지 그래왔던 것처럼 국민과 농업인들로부터 사랑받는 농협을 만들기 위해 한 그루의 사과나무를 심는다는 마음으로 죽는 날까지 농민과 함께 고락을 나누며 새 역사 창조에 함께 할 것이다. 다시 태어나도 협동조합의 이념과 정신을 실천하면서 사랑하는 농민들과 오순도순 형제의 우의를 나누며 영원한 농협운동가로 살 것이다.

오늘의 나를 있게 하신 부모님에게 감사드린다. 평생을 흙과 더불어 사셨던 부모님은 나에게 농민을 위한 삶이 무엇인지 일깨워 주셨다. 부모님의 가르침이 없었다면 나는 농협인이 되지 못했을 것이다.

　사랑하는 아내에게도 고맙다고 말하고 싶다. 숱한 나날 나를 위해 희생한 아내의 사랑은 죽을 때까지 갚지 못할 것이다. 그리고 큰딸 윤정이와 사위 재환, 작은딸 현정이와 사위 동철, 국책연구소 연구원으로 소임을 다하고 있는 아들 현장과 며느리 이화, 늘 감사의 마음으로 살고 있는 우리 가족에게도 사랑한다고 말하고 싶다.

　이 책이 나오기까지 애써주신 매일경제신문사와 이렇게 한 권의 책으로 나올 수 있게 마음으로 성원해준 지인들에게 감사의 마음을 전한다.

최덕규

제1장

농민을 위한 일꾼이 되어라

땅은 사람의 근원이란다

내가 일하는 가야농협 조합장실에는 오래된 사진 하나가 걸려 있다. 농부가 소를 끌고 쟁기질을 하는 사진이다. 보기에도 정겨운 초가집을 배경으로 이제 막 모내기를 준비하기 위해 쟁기질을 하고 있는 농부의 모습을 보면서 나는 이 땅의 주인인 농민을 가슴에 새긴다. 그리고 한평생 흙과 더불어 사신 아버지를 그려본다.

아버지는 빈농의 집안에서 삼형제 중 둘째로 태어나셨다. 가진 것이라고는 몸밖에 없었던 아버지는 청년 시절 머슴을 살았다고 한다. 어머니를 만나 혼인을 할 때도 수저 하나 물려받은 것 없이 살림을 차렸고, 남의 집 곁방에서 어렵게 생활하셨단다.

나는 아버지가 고향을 떠나 한 번도 바깥세상으로 나가본 적이

없다고 알고 있었다. 그런데 훗날 장성하여 아버지가 젊은 시절 혈
혈단신 만주로 건너가 노동을 하셨다는 이야기를 들었다. 만주에서
는 특별한 기술이 없어도 열심히만 일하면 돈을 벌 수 있기 때문이
었다. 그 이야기를 듣고 나는 가난을 벗어나기 위해 얼마나 각고의
노력을 하셨는지 새삼 아버지의 청춘을 그려보기도 했다.

　가족들을 고향에 두고 머나먼 이국땅으로 건너가 돈을 벌겠다는
아버지의 모험은 성공적이었다. 아버지는 먹을 것 입을 것 아껴가
며 갖은 일을 마다않고 하셨고, 해방이 될 무렵에는 고향에 터를 잡
을 돈을 모아 집으로 돌아올 수 있었다.

　해방과 함께 돌아온 아버지는 작지만 번듯한 가게를 하나 차리셨
다. 닷새마다 열리는 장터거리에서 국밥과 막걸리를 파는 가게였는
데, 장이 서면 제법 성시를 이루었다고 한다. 하지만 그때도 땅이 없
다 보니 가게를 열지 않는 날에는 남의 일을 하셨다.

　아버지는 국밥집에서 번 돈을 오로지 땅을 사는 데 쓰셨다. 농사
를 거들며 품을 판 돈도 차곡차곡 모아서 모두 땅을 사는 데 보탰다.
그렇게 조금씩 사들인 땅은 내가 초등학교에 다닐 무렵에는 크게
불어나 있었다. 아버지가 땅을 사는 데 전력을 기울인 것은 자식들
에게 가난을 물려주어서는 안 된다는 일념에서였다.

　아버지에게 땅은 곧 분신이었다. 아버지는 가끔 논두렁에 앉아
대견한 듯 당신이 마련한 땅을 바라보고는 하셨는데, 어렸을 때는

몰랐지만 지금은 그 마음을 알고도 남는다.

새마을운동이 한창이던 70년대만 해도 마을을 벗어날 때까지 큰 길가에 있는 땅은 다 아버지의 땅이었다. 옛날에는 농사를 짓기에 적합한 땅이 제일 좋은 땅으로 통했다. 산골짜기에 있는 땅이 그런 땅이었는데, 아버지는 달랐다. 골짜기의 땅도 장만하셨지만 아무도 쳐다보지 않는 길가의 전답도 그냥 지나치지 않았다. 아무짝에도 쓸모없을 것 같은 땅도 나중에는 다 쓸모가 있다는 믿음을 갖고 있었던 것이다. 이런 믿음은 나중에 빛을 보았다. 새마을운동이 일어나자 그 땅이 쓸모 있는 땅으로 변한 것인데, 지금 생각해보면 대단한 선경지명을 가지고 계셨던 것 같다.

나는 아버지가 땅을 사는 것을 보면서 어린 마음에 더 좋은 땅을 사면 나중에 큰돈이 될 텐데 왜 다른 지역의 땅은 안 사는지 궁금했다. 아버지는 우리 마을 땅에만 관심을 가졌지 외지 땅은 쳐다보지도 않았다.

이런 일이 있었다. 고등학교에 다닐 때였다. 그때 대구는 도시화가 진전되면서 점차 큰 도시로 발전하고 있었다. 어느 날 이런 생각이 들었다. 대구 근교에 땅을 사놓으면 나중에 크게 이득을 보지 않을까? 나는 아버지에게 내 생각을 꼭 말씀드리고 싶었다.

"아버지, 대구 가는 길목에 땅을 사면 어떨까요?"

느닷없는 말에 아버지는 나를 찬찬히 살펴보셨다. 이놈이 지금 무슨 얘기를 하고 있는 게지? 하는 얼굴이었다. 어디 들어나 보자는 표정의 아버지 앞에서 나는 조심스럽게 속이야기를 마저 꺼냈다.

"지금 대구 근교에 있는 땅을 사놓으면 나중에 엄청 큰 이익을 볼 수 있을 것 같아요. 거기 땅값이 여기보다 낮으니 더 많은 땅도 살 수 있고요. 대구가 발전하고 있으니까 그 길목에 땅을 사면 지금보다 더 부자가 될 수 있잖아요."

아버지는 잠시 아무런 말씀이 없었다. 그저 내 얼굴만 조용히 바라볼 뿐이었다.

내심 나는 아버지의 칭찬을 기대했다. 이제 보니 네가 땅을 보는 눈이 있구나 하시면서, 역시 내 아들이다 하실 줄 알았다. 조금은 초조하게 나는 아버지의 입만 바라보았다.

"허허……!"

한참을 말씀 없이 나를 뚫어지게 바라보던 아버지가 허탈한 듯 짧은 탄식을 내뱉었다. 순간, 가슴이 덜컹했다. 무엇인지 몰라도 크게 잘못한 것만 같았다.

잠시 후 아버지가 차분히 물으셨다.

"덕규야, 너는 땅이 무엇이라고 생각하느냐?"

"땅이요……? 땅은……."

얼른 떠오르는 것이 없었다. 나는 말끝을 흐리며 아버지의 눈치를 살폈다.

"땅에 대한 생각도 없으면서 그런 말은 한 게냐?"

"……."

입이 꽉 막힌 것처럼 아무런 말도 나오지 않았다. 땅에 대해 생각해본 적이 없으니 말이 나올 리 없었다.

"땅은 사람의 근원이란다."

"근원이요……?"

내가 조심스럽게 되묻자 아버지가 다시 물었다.

"덕규야, 사람은 어디서 나고 어디로 가지?"

"……."

"땅에서 나고 땅으로 간단다. 그래서 땅은 사람의 근원이란다."

나는 그제야 아버지의 말씀을 조금은 알아들을 수 있을 것 같았다.

"잘 듣거라. 아버지는 농부다. 농부가 농사를 지을 땅이 없다는 것만큼 불행한 일은 없단다. 사람이 땅에서 나고 땅으로 돌아가듯 농부는 자기가 태어난 흙에서 살고 그 흙에서 죽어야 한단다."

"네……."

"아버지는 내가 태어난 이곳에서 살기 위해 땅을 사는 거란다. 죽을 때까지 농사를 지으면서 고향을 지키고 싶어서란다. 아버지는 너도 이 땅을 지키면서 살았으면 좋겠다. 바람이 있다면 그것뿐이다."

그러셨구나……. 얼굴이 화끈 달아올랐다. 아버지는 부자가 되기 위해 땅을 사들인 게 아니었다. 그리고 보면 아버지는 늘 이런 말씀을 하시지 않았던가.

"우리가 태어난 이곳 가야만큼 살기 좋은 곳은 없단다. 여기가 바로 지상낙원이란다."

나는 그 말씀에 담겨진 아버지의 뜻을 그때야 비로소 알 수 있었다. 땅의 철학, 농사의 철학을 내가 최초로 가슴 깊이 새긴 날이기도 했다.

언젠가 나는 아버지가 속상해하시는 모습을 본 적이 있다. 자유당 시절이었다. 그때 아버지는 우리 집 바로 옆으로 나 있는 논을 가장 귀하게 아끼시며 아침저녁으로 그 논을 바라보는 재미로 사셨다. 그런데 어느 날 행정상의 이유로 소유권을 빼앗기고 말았다. 그때는 어렸을 때라 왜 우리 논을 빼앗겼는지 자세한 상황은 모르지만 상실감에 젖어 며칠 동안 약주를 드시며 애만 끓이시던 아버지의 모습이 지금도 생생하다. 그때 아버지는 자식이라도 잃은 듯한 모습이었다. 그만큼 아버지는 땅에 대한 애정이 남달랐다.

그런 땅을 아버지는 새마을운동을 할 때 기꺼이 내놓았다. 신작로를 내고 마을을 개선하기 위해서는 큰길가에 있는 아버지의 땅이 필요했는데, 아버지는 마을의 발전을 위해 흔쾌히 내놓았다. 아버지는 마을을 위해서라면 땅뿐 아니라 재산도 함께 나누셨다. 마을에 크고 작은 일들이 있으면 언제나 아낌없이 나누고는 하셨다.

지금까지 나는 아버지의 덕을 보고 있다. 나는 농협에 들어와 일을 하면서 한 번도 경제적인 어려움을 겪지 않았다. 아내에게 월급 봉투를 제대로 가져다준 적도 없다. 내 월급은 모두 조합 일을 하면서 쓴다. 그럼에도 아내가 살림을 꾸려갈 수 있는 것은 아버지가 물려주신 유산 덕분이다. 아버지는 지금의 나를 있게 하신 분이다.

몇 해 전 나는 아버지의 고단한 역사를 찾아 만주에 다녀왔다. '봉천(奉天)'이라는 곳이다. 이곳은 일제시대에 만주의 중심지였다. 지금은 지명이 바뀌어 '장춘'이라 불린다. 옛날에는 초라했을 이곳은 화려한 도시로 발전해 있었다. 중국에서 가장 중요한 공업 도시로 성장했다는데, 상가와 빌딩, 거리가 눈이 부실 정도였다. 활기찬 도시에서 그 옛날 모습은 찾아볼 수 없었다.

그러나 나는 아버지의 역사를 충분히 그려볼 수 있었다. 젊음 하나만으로 모험을 걸었던 아버지의 청춘이 그려지고도 남았다. 내 가슴속에는 아버지가 영원히 살아 계시니까.

봉천을 떠나기 바로 전날, 나는 숙소에서 아버지에게 이렇게 말씀드렸다.

"아버지, 아버지의 역사가 제 역사입니다. 아버지의 말씀대로 저는 지금 고향을 지키며 살고 있습니다. 제가 더욱 열심히 일할 수 있도록 언제나 힘을 주세요. 자랑스러운 아들이 되겠습니다."

똥이 향기로워야 하는 거야

아버지는 어질고 인자하셨다. 조용하고 합리적인 성격에 매사 진중하셨다. 사람들과 이야기를 나눌 때는 앞서 말하기보다는 경청하고, 늘 상대의 입장을 존중하셨다. 성품도 순하셔서 이웃이 어려움에 처하거나 곤경에 빠지면 그냥 지나치지 못했다. 그래서 종종 고약한 사람을 만나 속기도 많이 하셨다.

아버지는 자식들을 무한한 애정으로 대하셨다. 자식들 말이라면 언제나 귀담아 들으셨고, 무엇을 말씀하실 때도 일방적인 훈계가 아니라 우리가 알아들을 만한 말로 깨우침을 주시곤 했다. 그러나 한 가지, 교육만큼은 혹독하셨다. 일하지 않으면 먹지도 마라, 이것이 아버지의 일관된 노동관이요 인생철학이었다.

나는 군대에 가기 전까지 일꾼들 방에서 살았다. 내가 태어났을 때 우리 집은 본채와 사랑채로 나누어 있었다. 본채에서는 부모님이, 사랑채에서는 아버지를 도와 농사를 짓는 일꾼들이 생활했다. 그 사랑채에서 나는 초등학교 때부터 일꾼들과 똑같이 먹고 자고 생활하며 자랐다. 나만 그런 것이 아니라 우리 형제들 모두 그랬다.

아버지가 자식들을 일꾼들과 함께 지내게 한 것은 농사꾼의 삶을 가르치기 위해서였다. 아버지는 자식들에게 농사일을 몸에 배게 하여 진정으로 땅을 아는 농부로 만들고 싶어 하셨다. 한마디로 철저하게 산교육을 시키신 것인데, 힘들고 고단한 나날이었지만 감히 아버지를 거역할 수 없었다.

나는 어렸을 때 체구가 또래들보다 작았다. 키도 작고 덩치도 작았다. 하지만 나는 누구에게도 지는 걸 싫어했다. 제법 깡다구도 있었다. 일을 할 때도 불평보다는 잘하는 모습을 보이고 싶어서 일꾼들보다 더 악착같이 했다.

겨울이면 산에 가서 나무를 해야 했다. 추운 겨울날 나무를 해오는 것처럼 싫은 것도 없었다. 그러나 가까운 데서 적당히 잡목을 해오거나 하지 않았다. 한 번도 꾀를 부리지 않고 산에 가서 나무를 해왔고, 남보다 빨리, 더 많이 하려고 노력했다.

이른 봄부터 여름까지는 돼지에게 먹일 풀을 베었다. 그때는 사료가 넉넉하지 않아서 돼지에게 풀을 먹였는데, 매일 아침 일찍 꼭 풀을 한 짐씩 해놓고 학교에 갔다. 농사일이 바쁜 모내기철에는 한 달 동안이나 학교에 가지 않고 일을 도운 적도 있다.

아버지는 일을 시켜도 그냥 시키지 않았다. 반드시 목표를 주었다. 산에 가서 나무를 하든, 돼지에게 먹일 풀을 해오든, 모내기를 할 때이든, 어떤 일을 시켜도 꼭 할당량을 주었다. 목표는 무슨 일이 있어도 그날 다 해야만 했다.

"덕규야, 오늘 할 일을 내일로 미루면 그 내일을 쓸 시간이 그만큼 줄어든단다. 천금 같은 시간을 게으름을 피워서 없애버리면 아깝겠지? 시간을 잘 쓰는 사람이 인생도 잘 사는 거란다."

내가 어쩌다 게으름을 피우면 아버지가 하시던 말씀이다. 시간을 잘 쓰는 사람, 아버지가 자주 하시던 이 말씀이 지금은 나의 좌우명이 되었다.

가장 고역이었던 일은 뽕밭에 거름을 주는 것이었다. 고등학교 때였다. 그때 우리 마을은 한창 산을 개간하여 뽕밭을 만들었다. 양잠업이 번성할 때였다. 개간을 한 산에는 계단식 뽕밭을 만들어 너나없이 뽕을 심었다. 한때 우리 마을은 가야에서 누에를 제일 많이 사육할 정도였다.

겨울이 오면 뽕밭에 줄 거름이 모자랐다. 그러면 마을 사람들은 면에서 운영하는 공동화장실 인분을 퍼다가 거름으로 썼다. 그 일이 바로 내 일이었다.

거창에서 학교를 다녔던 나는 겨울방학에 집에 오면 아버지와 함께 인분을 퍼 날랐다. 이 일은 아버지와 분업으로 했다. 아버지가 먼저 공동화장실에서 인분을 퍼서 지서까지 옮겨놓는다. 그러면 나는 인분을 지게에 싣고 뽕밭으로 가 뿌렸다. 인분이 모자랄 때는 식당을 찾아가 사정을 이야기하고 인분을 받아 날랐다.

겨울이면 내 몸에서는 똥냄새가 가시지 않았다. 옷이며 얼굴에 온통 인분 범벅이었다.

"사람은 말이다, 똥이 향기로워야 하는 거야."

어느 날 인분으로 범벅이 된 채 쉬고 있는 나에게 아버지가 말씀하셨다.

"똥이 향기로우려면 몸이 건강해야 하고, 몸이 건강하려면 정신이 건강해야 돼."

힘든 일을 하다가도 가끔씩 들려주시는 아버지의 말씀은 보약과도 같았다.

"힘들지는 않니?"

"아니요, 당연히 해야 할 일인데요. 아버지랑 일하면 즐거워요."

어려서는 불만이 참 많았다. 다른 아이들처럼 노는 시간도 많지 않은데다 학교에 가고 싶어도 아버지는 농사일만 시켰다. 중학교 때는 나 혼자 쟁기질을 하며 우리 논을 다 갈기도 했다. 아버지는 한시도 일을 손에서 놓지 못하게 하셨다. 얼마나 일을 혹독하게 시키셨는지 어려서부터 단련이 되어 시시한 일꾼 하나 몫은 거뜬히 해 낼 정도였다.

어느 땐가부터 차츰 아버지와 함께 일하는 것이 즐거워졌다. 일이 몸에 익으면서 노동의 성취감을 느끼기 시작한 것이다. 나는 또 일꾼들을 통해서도 많은 것을 배울 수 있었다.

일꾼들 중에는 이북에서 월남한 분이 있었다. 그런데 이분은 열심히 일하고 번 돈을 받는 족족 쓰기에 바빴다. 의지할 가족이 없어 외로움을 달래기 위해 그랬을 거라고는 이해할 수 있었지만 돈을 모으지 않고 탕진하기 바쁜 그분을 보면서 나는 자기에게 주어진 삶을 허비하면 안 된다고 깨우쳤다. 같은 방에서 몇 년이나 함께 지낸 나에게 그분은 자기처럼 살면 안 된다고 누누이 말씀하셨다.

아버지가 자식들을 일꾼들과 함께 지내게 한 것은 이런 깨달음을 얻으라는 생각이셨을 것이다. 나는 학교에서 책으로 배우는 지식보다 일하면서 배운 깨달음이 더 컸다고 생각한다. 일하지 않으면 안 되고, 일하지 않는 사람은 먹을 자격이 없다는 아버지의 철학, 아버지의 가르침은 훗날 장성하여 큰 자산이 되었다.

땅을 네 몸같이 여기고 공부하거라

아버지는 학교를 다니지 않았지만 총명한 분이었다. 젊은 시절 어깨 너머로 깨친 한학에도 조예가 깊었다. 그런데 아버지는 학교 문제만큼은 완고하셨다. 당신이 배우지 못한 한을 풀기 위해서라도 자식들을 학교에 보내 공부를 시켜야 할 텐데도 나를 학교에 보내지 않으려고 하셨다.

이유는 간단했다. 아버지는 평생 흙과 함께 살 농부는 한글만 깨치면 된다고 생각하셨다. 어렵게 일군 땅을 내가 지켜주기 바라는 마음이 그만큼 간절하셨던 것이리라.

그 시절에는 마을 아이들 대부분이 초등학교만 졸업하면 집안일을 도우며 농사를 짓는 것을 당연하게 생각했다. 형편이 어려운 집

아이들은 졸업과 동시에 마을에 있는 도자기공장에 나가 돈을 벌기도 했다. 상급학교 진학은 꿈도 꾸지 못하던 시절이었다. 그런 판에 나는 중학교까지 마쳤으니 오히려 감지덕지해야 했을지 모른다.

그러나 나는 공부가 하고 싶었다. 아버지의 뜻을 따라 농부가 되더라도 배우고 익혀야지만 지혜로운 농부가 될 수 있다고 믿었다. 아버지는 언제나 그냥 농사꾼이 되지 말고 고향을 위해 일하는 농사꾼이 되라고 말씀하셨다. 그러기 위해서라도 학교에 다니고 싶었다. 그런 마음에 나는 처음으로 아버지를 거역했다.

중학교 3학년 어느 날이었다. 그날도 나는 아버지와 함께 논에서 일을 하고 있었다.

'오늘은 꼭 말씀드려야지!'

일을 하면서 나는 오늘만큼은 내 희망을 말씀드리리라 결심했다. 벌써 며칠째 아버지의 눈치만 보며 시간을 까먹고 있었다. 찌는 태양에 구슬땀을 흘려가며 일을 하는 아버지의 모습은 여느 날과 다름없이 평온해 보였다.

얼추 일을 마칠 무렵 어머니가 새참을 이고 오셨다. 논가에 새참을 부리고 자리를 잡은 나는 먼저 아버지에게 막걸리 한 잔을 따라드렸다. 아버지는 시원하게 갈증을 풀고는 잔을 내려놓으셨다. 평소처럼 기분 좋은 얼굴이었다. 나는 때를 놓치지 않고 조금은 강하게 말씀을 드렸다.

"아버지, 저 고등학교에 가고 싶어요. 허락해 주세요."

느닷없이 터져 나온 말에 아버지는 무슨 말이냐는 듯 내 얼굴을 잠시 쳐다보셨다. 그 모습이 무섭게도 느껴졌지만 이왕에 나왔으니 끝을 봐야 한다는 생각에 가슴을 졸이면서도 마저 말씀을 드리려고 했다.

"안 된다."

아버지는 다음 말을 잇기도 전에 딱 잘라 말씀하셨다. 감히 거역할 수 없는 목소리였다.

아버지의 얼굴에 얼핏 실망의 그림자가 지나가는 듯했다. 아버지의 뜻이라면 한 번도 거스르지 않았던 내가 갑자기 학교 이야기를 꺼내니 적잖게 놀라신 것 같았다.

"농부가 땅만 알면 됐지, 무슨 공부가 그리 많이 필요해? 땅을 네 몸같이 여기고 땅을 더 공부하거라."

나는 더 이상 입을 열지 못했다. 아버지의 말씀은 꼭 판결문 같았다. 나는 고개를 푹 숙이고 애꿎은 잡풀만 뚝뚝 뜯었다.

보다 못한 어머니가 나를 거들고 나섰다.

"덕규 아버지, 이제는 농사도 배워야지 더 잘 짓는 시대예요. 애가 공부를 하고 싶다는데 부모가 그걸 꺾으면 되겠어요? 지 소원이라는데 학교에 보내줍시다."

어머니의 응원에 나는 고개를 들고 아버지를 바라보았다.

"공부는 집에서 하나만 하면 된다. 네 형이 대구에서 고등학교를 다니고 있는데 너까지 학교에 다닐 필요는 없다. 아무리 배움이 좋다지만 그 배움이 세상을 더 어렵게 사는 길이 될 수도 있어. 아버지는 네가 나처럼 땅을 귀하게 아는 농부가 되었으면 한다. 집이 없이 사는 것도 아니고, 이만하면 등 따숩고 배부르게 잘 살고 있는데 뭘 그리 어려운 길을 가려고 해? 덕규 너는 이 아버지랑 농사를 짓자. 세상에서 가장 즐겁고 보람된 일이 농사를 짓는 일이다."

아버지는 완강하셨다. 어머니가 어떡하든 설득하려고 했지만 요지부동이었다. 아버지는 그런 말이라면 아예 씨도 꺼내지 말라며 새참도 안 드시고 자리를 뜨고 말았다.

아버지의 뜻을 모르는 것은 아니었다. 빈농의 집안에서 태어나 가진 것 없이 오직 맨주먹 하나로 집안을 일으킨 아버지가 아니던가. 아버지는 마을에서 제법 부자 소리도 듣는 그 살림을 내가 물려받기 원하셨던 것이다. 세상에 나아가 입신양명을 하기보다는 평범한 농부로 살면서 고향을 떠나지 않는 것이 아버지가 바라는 일이었다.

아버지의 그런 마음을 모르지 않았으나 나는 학교를 다닌다고 해서 내가 변할 것이라고는 생각지 않았다. 농사꾼이 되더라도 좀 더 배워서 지식을 쌓고 싶었고, 공부를 해야지만 마을을 위해서도 큰 일꾼이 될 수 있다고 믿었다.

그날부터 나는 아버지를 설득하기 시작했다. 다행히 어머니는 나를 도와주셨다.

어머니는 고등학교 진학을 적극 찬성하셨다. 남보다 한 자라도 더 배워야 훌륭한 삶을 살 수 있다고 믿으셨다. 나는 어머니와 함께 아버지를 설득하며 허락을 받기 위해서는 무언가 보여드려야 한다고 생각했다. 그런 생각이 들면서 나는 당장 실행에 옮겼다. 고등학교 입학금을 내 손으로 벌자는 것이었다.

입학금을 마련하기 위해 한 일은 장작을 패서 파는 일이었다. 우리 지역은 고령토로 유명하다. 고령토로 만드는 생활도자기 공장이 여럿 있었는데, 만드는 족족 잘 팔려서 아주 호황이었다. 예전에는 공장에서 기름 값이 비싸 대신에 땔감으로 쓸 장작을 사들였다. 나는 그 장작을 나무를 해다가 패서 입학금을 마련했다. 평소에도 늘 하는 일이었지만 고등학교에 가야 한다는 생각에 더 열심히 했고, 마침내는 입학금을 만들 수 있었다.

"아버지, 제 힘으로 만든 입학금이에요. 제발 허락해 주세요. 꼭 학교에 가고 싶어요."

나는 다시 한 번 아버지를 졸랐다. 입학금이 든 봉투를 내밀고서 떼를 쓰는 나를 아버지는 한참 동안이나 바라보셨다.

"허허, 이놈 참. 아버지가 그렇게 알아듣게 말을 했는데도……."

순간, 나는 아버지가 마음을 바꾸셨다고 생각했다. 아버지는 헛

웃음을 흘리시고는 할 수 없다는 듯 말을 이었다.

"그렇게 학교에 가고 싶으냐?"

"예, 아버지."

"좋다, 허락하마."

마침내 고대하던 허락이 떨어졌다. 나는 마치 세상을 다 얻은 것만 같은 기분에 눈물이 찔끔 나왔다.

"아버지가 걱정하는 것은 하나다. 학교에 갔네 공부를 하네 하면서 헛바람 들지 마라는 것이다. 아버지도, 너도 우리는 이 땅의 평범한 농부다. 사람은 분수를 알고 살아야 한다. 평범한 농부가 세상에서 가장 아름다운 사람이다. 내 말, 단단히 명심하거라."

"예, 아버지!"

나는 아버지의 말씀을 충분히 알 수 있었다.

그날 나는 다른 말씀은 드리지 않았다. 어떤 각오나 미래의 포부보다는 몸으로 보여드리자고 생각했다.

나는 아버지의 기대에 어긋나지 않았다. 마을에서 유일하게 상급학교에 갔던 터라 몸가짐도 스스로 다잡으려고 노력했고, 성적이 뛰어나지는 않았지만 늘 상위권을 유지하려고 애썼다. 3학년 때는 장학금도 받았다. 또 대대장과 수석 부회장도 하면서 학생회 일도 적극적으로 했다.

나는 아버지에게 보여드리고 싶었다. 나의 꿈과 의지를 보여드

리고 싶었고, 아버지가 기대해도 좋을 자식이라는 것을 보여드리고
싶었다.

지팡이를 짚고 일어서거라

"덕규야, 내가 아마 학교도 다니고 배웠더라면 지금쯤 뭐라도 한 자리 하면서 큰 인물이 되었을 거다. 나는 못 배운 게 참으로 한이다. 그러니 네가 이 어미 몫까지 한다고 생각하고 열심히 해야 한다."

방학 때 집에 오면 어머니는 나를 붙잡고 늘 이렇게 말씀하셨다. 세상의 모든 어머니가 그렇듯 어머니는 나에게 든든한 지원자이면서 후원자였다. 아무리 내가 입학금을 마련했다고 해도 어머니의 응원이 없었다면 학교에 가지 못했을 것이다.

어머니는 생각이 깊고 호탕한 분이셨다. 아버지가 너그럽고 여성적이었다면 어머니는 남성적이었다. 말씀처럼 어머니가 공부를 하셨다면 세상에 나아가 당신의 몫을 훌륭하게 하셨을 것이다. 그런 면에서 내성적인 아버지와 외성적인 어머니는 그야말로 궁합이 딱 맞았다.

우리 집은 막걸리가 떨어지는 날이 없었다. 아버지가 약주를 좋아하신 이유도 있지만 이웃들 때문이었다. 어머니는 이웃에 무슨 일이 있거나 불화가 생기면 누구보다 앞서 중재자 역할을 하셨다. 중재를 하실 때는 꼭 우리 집으로 데려와 막걸리를 나누며 서로의 앙금을 풀어주곤 하셨다. 일단 마을에 일이 생겨 당사자들이 우리 집 마당으로 들어서면 그 순간부터 일은 해결된 것이나 마찬가지였다. 아무리 심각한 일이라도 어머니가 나서면 언제 그랬냐는 듯이 모든 게 해결되곤 했다. 오고 가는 막걸리에 어르고 달래며 일을 해결하는 어머니를 볼 때마다 나는 참 신기했다.

"세상에서 제일 좋은 것이 서로 웃고 사는 거란다. 이 작은 마을에서 불화가 생기고 등을 돌리고 살면 어떡하겠느냐. 우리는 모두 형제다, 하고 살아야지."

어머니의 지론이었다. 그래서 어머니는 마을 대소사는 물론 궂은 일이 생기면 먼저 나서서 풀고는 하셨다.

어머니는 손에서 일을 놓지 않으셨다. 잠시라도 가만있으면 병이 온다고 생각하셨다. 동이 트기 전부터 일어나 새벽 그림자처럼 몸을 움직이셨고, 날이 저물 때까지 한시도 쉬는 걸 보지 못했다. 집에서 부리는 일꾼들보다 더 일을 많이 하셨다. 주인이 더 열심히 해야 일꾼들이 따라온다는 것이었다. 집에서 가장 빨리 일어나고 가장 늦게 자는 분이 어머니였다. 이런 생활은 기력이 없어 손에서 일을 놓을 때까지 계속되었다.

언젠가 나는 어머니에게 일부러 성질을 부리기도 했다. 농협에 입사하여 어엿한 사회인이 되었을 때였다. 그때도 어머니는 틈만 나면 일을 하셨다. 팔순을 바라보는 분이 한여름 뙤약볕에 쭈그리고 앉아 일을 하는 모습이 너무 안타까워 일을 그만두게 할 요량으로 나는 화를 냈다.

"어머니, 이제는 제발 일 좀 그만 하시고 집에서 편히 쉬세요. 며느리가 없습니까, 아들이 놀고 있습니까? 이만하면 우리도 잘 사는 집인데 언제까지 그렇게 일만 하실 거예요."

어머니는 들은 체도 하지 않았다. 오히려 나를 꾸짖었다.

"시끄럽다. 사람이 힘이 있을 때까지 일을 해야지, 안 그러면 벌받는다. 너는 신경 쓰지 말고 농협 일이나 잘하거라. 밖에서 큰일 할 사람이 왜 집안일에 신경을 쓰나?"

그 말씀에는 나도 어찌할 수 없었다.

우리 집이 번듯하게 살면서 부자라는 소리를 들을 수 있었던 것은 어머니 덕이다. 아버지가 열심히 일을 하신 결과물을 어머니가 한 점 흐트러짐 없이 관리를 해오셨기에 이만큼 사는 것이다. 아버지는 밖에서 일만 하시고 집안 살림과 경제권은 모두 어머니에게 맡기셨는데, 어머니는 아버지가 살림 걱정을 하지 않고 일을 할 수 있도록 재산을 차곡차곡 늘려가셨다.

어머니는 늘 이렇게 말씀하셨다.

"덕규야, 세상에서 제일 서러운 게 없이 사는 거란다. 이 어미가 네게 줄 것은 지팡이밖에 없다. 덕규 너는 이 지팡이를 가지고 지게에 인 짐을 짚고 일어서야 한다. 이걸 짚고 꼭 일어서야지 못 일어서면 실패하고 만다."

아버지가 일구어놓은 유산을 지팡이로 잘 지키라는 말씀이었다.

나는 어머니의 말씀처럼 아버지의 유산을 한 번도 허투루 쓴 적이 없다. 어머니가 물려주신 지팡이가 있는데 어찌 허투루 쓰겠는가. 평생을 일만 하면서 아무리 작은 것도 귀히 여기고 검소하게 살다 가신 어머니, 그 어머니가 하늘에서 지금도 나를 지켜보고 계신데 만에 하나라도 어머니의 말씀을 거역하면 천벌을 받는다는 마음으로 살았다.

지금도 나는 출퇴근길에 집 앞으로 난 논을 보면 어머니가 떠오른다. 몸을 바짝 엎드린 채 일하고 계신 어머니가 눈앞에 있는 듯 들어온다. 농협에 입사했을 때 마을을 위한 일꾼이 되었다며 누구보다 기뻐하신 어머니가 늘 하시던 말씀도 생생하다.

"덕규야, 오늘도 일 잘하고 왔나? 사람들과 원수지지 않고 마음

으로 베풀고 왔나? 네 본분을 잊지 않고 마을을 위해 열심히 일하고

왔나?"

　"예, 어머니. 오늘도 우리 조합원님들을 어머니 아버지처럼 모시

고 왔어요. 사람들도 활짝 웃고 저도 기쁘게 웃고 왔어요, 어머니."

젊음의 시간을 바친 보물

저마다에게는 잊지 못할 순간이 있다. 학교 졸업, 결혼과 취업, 승진, 이런 순간들이 아마도 그럴 것이다. 나 역시 그렇다. 특히 나는 아버지를 졸라 고등학교에 진학하고 대학교 과정도 어렵게 마쳤기에 학업에 대한 기억이 남다르다.

나는 2002년에 가야대학교 경영학과를 졸업했다. 대학을 졸업하고는 내친 김에 대학원 과정까지 도전하여 가야대학교 국제통상경영대학원과 영남대학교 경영대학원 과정까지 마쳤다. 고등학교를 졸업한 것이 1969년이니 33년 만에 대학 공부를 하고 졸업한 것이다.

아버지의 반대로 고등학교를 어렵게 들어갔으니 대학교 진학은 더 힘들 수도 있었다. 그러나 마음만 먹으면 충분히 대학교에 갈 수 있었다. 학교 성적이 나쁜 것도 아니어서 입학시험도 자신 있었다. 하지만 나는 대학 진학을 선택하지 않았다.

나는 하루라도 빨리 사회에 나가 내 몫을 하고 싶었다. 대학 진학보다는 사회 진출이 절박했다. 고등학교만 졸업해도 사회생활을 하는 데는 문제가 없을 것 같았고, 대학을 나온 사람들보다 더 큰 자신감이 있었다.

그런데 막상 사회에 나와서 보니 그게 아니었다. 대학 공부를 못한 것도 마음에 걸렸다. 뒤늦게 대학에 도전한 것은 이 때문이었다.

대학 공부는 마음처럼 쉽지 않았다. 가장 힘든 것은 일을 하며 공부를 하는 것이었다. 조합장으로서 지역 살림 챙기랴 농협중앙회 이사로서 중앙회 일까지 보랴 가야에서 서울로 한 달에 거의 반은 출장으로 바쁜 나날을 보내야 했던 나로서는 시간을 쪼개기가 무척 힘들었다.

자식 같은 학생들과 함께 공부하는 것도 생각보다 어려웠다. 때를 놓치고 만학으로 하는 공부라서 수업 과정을 따라가는 것도 힘들었다. 그러나 그 시간들이 내게는 즐거움이었다. 하고 싶은 공부를 할 수 있다는 것만큼 기쁜 일은 없었다. 졸업장을 받을 때는 드디어 해냈다는 성취감에 감격스러웠다.

나는 고등학교만 졸업하고 사회에 뛰어든 것을 후회하지 않는다.

오히려 만학도의 기쁨을 누렸으니 복을 받았다고 생각한다. 더욱이 고등학교를 졸업하고 군대에 가기 전까지 1년 동안 다시는 해보지 못할 귀중한 체험을 한 것이 유난히 기억에 남는다.

고등학교를 졸업할 무렵, 마을 어른들은 쏠쏠한 목돈 벌이에 매달리고 있었다. 송진을 채취하는 일이었다. 초봄부터 가을까지 송진을 채취하면 당시로서는 쉽게 만지지 못할 큰돈을 만들 수 있었다. 문제는 그 일을 가야에서 한참 떨어진 경북 봉화로 가서 해야 한다는 것이었다.

처음에는 일터가 멀어서 고민이 되었다. 집을 떠나 타향에서 반년이나 머무르며 일을 한다는 것은 설렘과 기대보다는 두려움이 앞서는 일이었다. 그러나 나는 무조건 가기로 했다. 군대에 가기 전까지 남은 1년이란 시간을 허비하고 싶지 않았다.

부모님은 나의 뜻을 선뜻 받아주었다. 아버지는 사내로 태어났으면 고생은 사서라도 해야 한다고 격려해 주셨고, 어머니도 노동이 무엇인지 배울 수 있는 좋은 기회가 될 거라고 하셨다.

집을 나서 봉화로 가는 날, 나는 들떠 있었다. 번듯한 곳에 취업을 하거나 정상적인 일터에 나가는 것은 아니었지만 내 힘으로 일을 할 수 있는 성년이 되었다는 마음에 흥분이 되었다. 내가 일한 대가로 돈을 번다고 생각하니 설레기도 했다.

송진을 채취하는 일은 5월부터 10월까지 6개월 정도 했다. 일은 정말 고되고 힘들었다. 막상 일을 시작하고 보니 집을 나설 때 품었던 낭만이나 기대 같은 건 없었다. 하루하루가 막노동의 연속이었다. 마을 어른들과 함께 일을 했기 때문에 힘들어도 내색을 할 수 없었고, 어른들 심부름까지 해가며 죽어라 일만 해야 했다. 너무 힘든 나머지 가끔은 포기할까 하는 생각도 들었다.

그러나 사회에 나와 처음 도전한 일을 중도에 포기하고 싶지 않았다. 무엇보다 자존심이 용납하지 않았다. 한 번 빼든 칼을 휘둘러 보지도 못하고 칼집에 집어넣는다는 것은 있을 수 없었다.

처음에는 일이 서툴러 고생이 많았다. 누가 일을 가르쳐주는 것도 아니어서 눈치껏 배워가며 하느라 하지 않아도 될 고생까지 다 했다. 시간이 흐르면서 차츰 일이 몸에 붙기 시작했고, 스스로 대견할 만큼 능숙한 일꾼이 되었다.

고생한 결과는 상상한 것보다 훨씬 컸다. 6개월 정도 일을 했을 뿐인데도 당시로서는 쉽게 만져볼 수 없는 거금을 쥘 수 있었다.

집으로 돌아오는 발걸음은 가볍다 못해 날아다녔다. 하늘에 붕 떠 있는 기분이었다. 나는 집에 도착하자마자 아버지에게 봉투부터 내밀었다.

"아버지, 제가 번 돈이에요."

아버지는 봉투를 확인하고는 깜짝 놀라셨다. 웬만한 집터 하나쯤은 장만할 수 있는 돈이었으니 놀랄 수밖에 없었다.

"장하다. 역시 우리 아들이다."

아버지는 내가 막노동을 하며 처음으로 번 돈이니 의미 있게 쓰자고 하셨다.

"덕규야, 이 돈은 네가 정직하게 노력한 대가다. 그러니 이 돈으로 땅을 사자. 물론 그 땅은 네 땅이다."

나는 두말없이 아버지의 뜻을 따랐다.

내 땅이 생긴다는 의미를 그때는 몰랐다. 실감도 나지 않았다. 다만 아버지를 기쁘게 해드렸다는 것이 좋았다. 나도 이제 어른이 되었다는 뿌듯함과 함께 집안에 보탬이 되고 있다는 것이 만족스러웠다.

아버지는 자식이 고생해서 번 돈이니 어떤 땅보다도 좋은 땅을 사야 한다며 틈만 나면 땅을 보러 다니셨다. 땅을 보러 다니는 아버지의 얼굴은 세상 부러울 것 하나 없는 얼굴이었다. 흥에 겨워 다니는 아버지를 볼 때마다 나는 내가 정말 잘했구나 하는 생각을 했다. 그날 나는 속으로 또 한 번 결심을 했다.

'그래, 앞으로는 아버지의 기쁨을 위해 아무리 힘든 일이라도 반드시 하고야 말리라.'

얼마 후 마침내 내 땅이 생겼다. 마침 이모님이 마산으로 이사를 가면서 살고 있던 집터를 내놓았는데, 그 땅을 아버지가 산 것이었다.

"봐라, 덕규야. 이 땅이 이제 네 땅이다. 네가 힘들게 일해서 번 돈으로 산 땅이라 이거다. 이 땅을 평생 간직하거라. 네 자식들에게 대대로 가보처럼 물려주거라. 그래야 땅의 소중함을 안다."

아버지의 말씀처럼 나는 그 땅을 지금도 소유하고 있다. 내가 처음 번 돈으로 산 땅이기에 버릴 수 없는 땅이다. 노동의 신성한 의미를 깨치게 한 시간이 스며 있는 땅을 어찌 버릴 수 있으랴.

얼마 전 나는 아내와 함께 내 젊은 날의 시간을 간직하고 있는 봉화에 다녀왔다. 아내는 내가 봉화에서 일을 할 때 다녀간 적이 있다. 그때 봉화에 오려면 대구와 안동, 영주를 거쳐 버스를 몇 번이나 갈아타야 했는데, 초행길이었던 아내는 두려움을 무릅쓰고 사람들에게 길을 물어물어 어렵게 나를 찾아왔었다.

내가 일했던 마을은 몰라보게 발전해 있었다. 그러나 산천은 그 모습 그대로였다. 반가웠다. 아쉬움이라면 이곳에도 노인들만 남아 있다는 것이었다. 내가 일을 할 때 알고 지내던 사람들은 없었다. 나는 마을회관으로 어르신들을 초대해 잠시나마 옛이야기를 나누며 감회에 젖어 지난 시간을 되돌아보았다.

돌아오는 길에 나는 아내에게 말했다.

"그 땅 말이오, 생이 다하는 날까지 내 젊은 날의 상징으로 가지고 있을 거야. 아버지의 말씀처럼 내가 세상을 떠나는 날 자식들에게 가보처럼 물려주어야지. 아버지가 나에게 들려준 것처럼 땅의 소중함과 노동의 신성함을 들려주면서 말이야."

내 말에 아내는 빙긋이 웃었다.

할머니가 맺어준 운명

사랑하는 아내에게.

당신을 사랑합니다.

이 세상에서 당신만을 사랑합니다.

당신은 모든 일을 나에게 양보하고 용서해 주었습니다.

때로는 이해하지 못할 언행도 용서해 주었습니다.

나로 인해 쓰리고 아픈 마음을 말없이 달래며

나의 부족함을 채워 주었습니다.

당신은 늘 처음처럼 나를 믿음으로 사랑해 주었습니다.

이제 아름다운 사랑의 합창이 울려 퍼질 것입니다.

내 인생 최고의 사람 당신,

당신이 오늘의 최덕규를 만든 역사입니다.

당신은 위대한 나의 동반자입니다.

사랑합니다. 박영희, 당신을!

몇 해 전 해외연수 때 아내에게 썼던 편지글이다. 나는 해외연수를 가면 그날의 일과와 단상을 꼭 기록한다. 어떨 때는 내 앞으로 편지를 써서 우리 집으로 보내기도 한다.

나에게 편지를 보내는 것은 해외연수를 통해 느낀 점과 깨달은 것을 돌아와서 다시 한 번 마음속에 새겨보기 위해서다. 해외에서 보고 느낀 것을 실천하자는 나와의 약속인 셈이다.

그렇게 보내는 편지에는 아내에 대한 내용도 있다. 앞서 인용한 구절도 아내에게 보내는 나의 마음인데, 어떤 편지에는 맨 마지막 구절에 이렇게 써놓기도 했다.

'최덕규, 박영희 만세!'

사람들은 이런 걸 보면 멋진 남편이라고 생각할지도 모르겠다. 그러나 절대 아니다. 요즘 말로 하면 나는 나쁜 남자다.

나는 결혼을 일찍 했다. 고등학교를 졸업하고 1년 뒤에 육군으로 입대를 했는데, 어쩌다 보니 제대도 하기 전인 병장 시절에 결혼을 했다. 그때 나이 스물넷이었다.

아내와의 만남은 운명이었다. 돌아가신 할머니가 보내준 여인, 나는 아내를 그렇게 생각한다.

할머니는 내가 고3 때 돌아가셨다. 아내는 이때 처음 보았다. 삼일장을 치르고 상여가 나갈 때 나는 할머니의 영정을 들고 운구 행렬 앞에 섰다. 행렬은 마을을 지날 때 잠시 쉬었는데, 상여가 나가는 것을 보기 위해 나온 사람들 속에 아내가 끼여 있었다.

아내를 처음 본 순간, 나는 그만 넋을 잃고 말았다. 무척이나 하얀 얼굴이며 살결이 마치 하늘에서 내려온 선녀 같았다. 우리 마을에 저렇게 예쁜 여자가 있었나 하는 생각이 들면서 첫눈에 반하고 말았다. 장례를 치르며 여자나 쳐다본다고 말할지도 모르겠다. 하지만 나는 아내를 처음 본 순간 이건 할머니가 맺어준 운명이라고 생각했다.

마음은 그랬지만 아내와의 만남은 순탄치 않았다. 나중에 알고 보니 아내가 나보다 연상이었다. 게다가 아내는 마을에서 양장점을 하고 있어 까까머리 학생인 나를 쳐다볼 일이 없었다. 요즘처럼 연상연하 커플이 트렌드인 시대라면 모를까 언감생심이었다.

아내에게 마음을 빼앗긴 나는 학교를 졸업하자 작전에 돌입했다. 매일같이 떠오르는 아내 생각을 하며 자연스럽게 다가갈 방법을 쥐어짜기 시작했다. 하지만 그 문제는 작전을 짤 필요도 없이 싱겁게 해결되었다. 동창생들과 어울려 친구처럼 아내에게 다가갈 수 있었던 것이다.

그렇게 해서 어느 정도 친분은 쌓았지만 더 큰 문제는 아내가 연상이라는 점이었다. 아내가 연하인 나를 남자로 받아들여줄지 알 수 없는 일이었고, 부모님을 설득해야 할 일도 쉽지 않은 과제였다.

나는 나이 문제는 아무런 것도 아니라고 생각했다. 그러나 여자인 아내는 달랐다. 아내는 끈질긴 내 구애에도 불구하고 친구처럼 동생처럼 지내자고 고집했다.

그렇다고 물러설 내가 아니었다. 나는 군에 입대하기 전까지 아내를 만날 때마다 사랑을 고백했다.

"당신을 처음 본 순간부터 내 여자라고 생각했습니다. 나는 정말 좋은 반려자가 될 자신이 있어요. 그러니 우리 결혼합시다."

지성이면 감천이라고 아내는 마침내 나의 구애를 받아들였다. 그 뒤부터는 일사천리였다. 우리는 결혼을 약속하고 사랑을 속삭였고, 양가의 허락을 받기 위해 서로의 집을 부지런히 드나들었다.

그러나 결혼까지 이르기에는 쉽지 않았다. 아내의 집안은 반대하지 않았지만 우리 집에서 반대를 많이 했다. 결혼 이야기가 무르익었을 때 나는 군인의 신분이었다. 군대도 제대하지 않고 직업도 없이 무조건 결혼부터 하겠다고 하니 어떤 부모가 허락을 하겠는가.

나는 어머니를 설득하기 시작했다. 결혼은 내가 좋아하는 사람과 해야 한다며 나이 차는 아무런 문제가 안 된다고 주장했다. 사는 것도 아내가 양장점을 하고 있으니 제대를 하고 취직을 하여 자리를 잡을 때까지 걱정이 없다는 논리를 폈다. 결국 어머니는 나의 설득에 못 이겨 허락을 하셨고, 아버지도 어머니의 뜻에 맡기셨다.

군에서 제대를 하기도 전에 결혼을 서둘렀던 이유는 하나다. 사랑하는 사람과 한시라도 떨어져 살고 싶지 않았고, 가정이라는 울타리를 만들고 싶었다. 그래야만 사회생활도 더 열심히 할 수 있을 것 같았다. 그렇게 우리는 만난 지 4년 만에 결혼을 했다.

직업도 없이 군에 있을 때 결혼을 했지만 양장점을 하고 있는 아내 덕에 경제적인 부담은 없었다. 그때만 해도 양장점은 전문학원에 다니며 배워야만 기술을 익힐 수 있는 고급 직업이었다. 아내는 신혼 초부터 내가 농협에 입사하여 자리를 잡을 때까지 양장점을 하면서 나 대신 살림을 꾸렸다.

아내는 심성이 착하고 이해심이 많은 여자다. 성격도 좋고, 뒤에서 말없이 내조하는 스타일이다. 지금까지 나는 여러 번의 선거를 치렀다. 그때마다 아내는 묵묵히 나를 믿고 따르며 지지해 주었다.

그런데 나는 가끔 아내를 보면서 깜짝 놀랄 때가 있다. 바로 선거 때다. 결코 앞으로 나서지 않고 조용하기만 한 아내가 선거 때는 어디서 그런 용기가 샘솟는지 적극 나서서 운동을 한다. 남편에 대한 믿음이 아내를 움직였으리라. 그런 아내를 보면서 나는 미안한 마음과 고마운 마음을 동시에 가진다. 선거라는 것이 원래 사람 마음 고생 시키는 것 아니고 무엇이랴.

아내는 나의 모든 것을 품어준 사람이다. 젊은 시절 아버지에게 경제권을 물려받은 내가 세상을 다 얻은 것처럼 혈기방장했을 때도, 첫 직장인 가야농협을 일으켜 세우며 승승장구하다가 잠시 밀려났을 때도, 나에게는 정신적 지주인 명진(明振) 스님을 잃고 상실감에 젖어 있을 때도, 무수한 사람들에게 정을 주고도 배신을 당해 허탈해 있을 때도 아내는 언제나 내 곁에서 나를 지켜주었다. 기쁘면 함께 웃고, 슬프면 함께 울고, 상처는 보듬어주면서 나를 지탱해주었다.

"제일 중요한 것은 오늘 이 순간부터 상대에게 내가 덕을 보겠다는 생각을 버리는 겁니다. 아내에게, 남편에게 무엇을 해줄 수 있을까 하는 생각을 해야 합니다. '이 사람이 나하고 살면서 그래도 덕 좀 봤다는 생각이 들도록 해줘야 되겠다' 이렇게만 생각을 하면 사는 데 아무런 지장이 없습니다."

이 땅의 모든 부부에게 법륜 스님이 주는 말씀이다. 이 말씀처럼 나는 사랑하는 것과 사랑받는 것을 아내에게서 배웠다.

지금까지 나는 아내 덕만 보고 살아왔다. 그러나 이제부터는 법륜 스님의 말씀대로 아내에게 덕을 주는 남편으로 살아가련다.

왜 공무원이 되려고 하세요?

나에게는 특별한 만남이 하나 있다. 나를 농협으로 이끌어준 농협대학 김수현 교수와의 만남이다. 아내와의 만남이 할머니가 맺어준 운명이라면 김수현 교수와의 만남은 하늘이 주신 운명이라고 생각한다. 나는 그를 통해 내가 걸어야 할 길을 알게 되었다.

어릴 적 내 꿈은 면장이었다. 이 꿈은 중학교 때까지 가지고 있었는데, 면장이 되면 아버지가 바라는 사람이 될 수 있을 것 같았다.

아버지는 내가 평범한 농부가 되어 마을을 위해 봉사하는 삶을 살기를 바라셨다. 나는 농부보다는 지도자가 되는 것이 마을을 위해 더 큰 일을 할 수 있다고 생각했다. 면장이라고 해서 농사를 짓지 말라는 법도 없고, 농사꾼 면장 하면 왠지 더 멋지게 보였다.

꿈은 고등학교에 다니면서 점점 더 커졌다. 이왕이면 면장보다는 국회의원이 되어 지역을 위해 일하는 게 더 큰 삶이라고 생각했다. 나는 교과서의 내 이름 옆에다 '국회의원' 하고 크게 써놓기도 했다. 꿈을 꼭 이루고 말리라는 결의라고도 할 수 있겠는데, 국회의원이 안 되더라도 반드시 지도자가 되어 마을을 위해 살겠다고 결심했다.

나는 꿈을 꿈으로만 가지고 있지 않았다. 꿈을 현실로 만들기 위해 계획을 세웠다. 먼저 나는 공무원 시험을 준비하기로 했다. 아무래도 공직에 있어야 더 빨리 꿈을 이룰 수 있을 것 같았다. 고3 때부터는 공무원 시험을 보기 위해 여러 가지 정보도 알아보면서 본격적인 준비에 들어갔다.

공무원 시험 준비는 아내를 만나고부터 불이 붙었다. 20대 초반의 나이에 결혼을 하여 살림을 꾸리려면 미래부터 착실히 계획을 세워야 하는데, 나는 공무원이 되고 아내는 양장점을 하면서 맞벌이를 하면 장밋빛 미래를 그릴 수 있다는 생각이었다.

시험 준비는 군에 입대해서도 계속했다. 나는 38선 이북에 있는 강원도 화천에서 복무했다. 정확히 말하면 2군단 899포병대대 8인치곡사포부대 본부포대다. 본부포대였으니 일반 병들보다는 편한 곳이었고, 다행히 보직도 병기과 서무계를 받아 이등병 때부터 행정병으로 군 생활을 편하게 할 수 있었다. 그렇다고 이등병 때부터 공부를 한 건 아니다.

시험 준비를 다시 시작한 건 전역을 10개월 앞두고 결혼식을 막 올린 직후였다. 아내가 공무원 시험 공고가 났으니 준비하라는 소식을 주어서 틈만 나면 수험서를 들고 탄약고에 올라가 책을 붙들고 씨름을 했다. 김수현 교수와의 운명은 그때 시작되었다.

나보다 1년 정도 늦게 군에 입대한 김수현 교수는 경북의 명문 Y 대를 졸업한 엘리트였다. 군에 오기 전에 이미 농협에 입사하여 안동군지부에서 근무한 경력도 있었다. 나이는 나보다 서너 살 많았지만 우리는 곧 친해졌다. 동향 출신에 바로 옆 행정반에서 근무를 했기 때문에 같은 처지의 고충을 나누며 자연스럽게 인간적인 만남을 가졌던 것이다.

그러나 우리는 미래 이야기까지는 나누지 않았다. 군에서 하는 이야기라는 게 빤하지 않은가. 김수현 교수가 농협에 근무한 경력도 공무원 시험 준비를 하면서 알았다.

전역을 두어 달 남겨둔 어느 날이었다. 그날도 우리는 행정반 앞 화단에 앉아 맑게 내리는 가을 햇살을 받으며 이런저런 이야기를 나누었다.

김수현 교수가 불쑥 물었다.

"최 병장님, 날마다 무슨 공부를 그렇게 몰래 하십니까?"

나는 깜짝 놀랐다. 아무리 편한 행정병이라지만 내놓고 할 수 없어 동료들 눈을 피해 공부를 하고 있었는데, 그 사실을 알고 물어보니 당황할 수밖에 없었다.

"어……? 무슨 말이야? 공부는 무슨. 누가 공부한대?"

"에이, 이거 왜 이러십니까? 다 알고 있어요. 공무원 시험 공부를 하는 것 같던데요, 맞죠?"

"이런, 그걸 어떻게 알았어?"

"척 보면 알지 왜 몰라요? 서랍에 책도 있던데요, 뭐."

거기까지 말이 나오자 더는 숨길 수 없었다. 또 김수현 교수는 믿음이 가는 사람이라 내 꿈을 들려주어도 괜찮을 것 같았다.

"맞아, 공무원 시험 공부를 하고 있어. 제대하면 바로 시험을 볼 생각이야."

그러자 김수현 교수가 무슨 꿍꿍이속이라도 있는 듯 씩 웃으며 물었다.

"왜 공무원이 되려고 하세요?"

이런 질문이라면 얼마든지 당당하게 이야기할 수 있었다.

"김 상병, 내 꿈은 말야, 지도자가 되는 거야. 그렇다고 무슨 거창한 꿈을 꾸는 게 아니라 내가 살고 있는 우리 마을을 위해 봉사하는 지도자의 길을 걷고 싶어. 그 첫 걸음으로 공무원 시험을 준비하고 있지."

"그거 아주 멋지군요."

"우리 아버지는 늘 나보다 못한 사람들, 약자들을 배려하고 돕고 살아야 한다고 말씀하셨지. 그런 아버지의 바람을 이루기 위해서는 공직에 있어야 한다는 생각이야. 그래서 공부를 하고 있는 거야."

"그렇다면 최 병장님, 제가 더 좋은 방법을 알려줄까요?"

"응? 더 좋은 방법?"

"네, 혹시 농협에 들어갈 생각은 없나요? 그러면 진정으로 마을을 위해, 지역을 위해 봉사하는 삶을 살 수 있는데요."

"농협?"

그때 나는 농협에 대해 처음 들었다. 김수현 교수는 자신이 농협에 근무하고 있다고 소개한 뒤 협동조합의 정신과 이념에 대해 들려주었다. 이제 곧 전국적으로 농협 공채 시험이 있을 거라는 정보도 주었다.

나는 도무지 무슨 말을 하고 있는 건지 알아들을 수 없었다. 내가 군에 들어오기 전까지만 해도 우리 마을에는 농협이 없었다. 설령 농협이 있다 하더라도 협동조합이 어떤 조직이고 어떤 일을 하는지 들어본 적도 없었다. 아버지도 농협 이야기는 전혀 하지 않으셨다.

"최 병장님이 농협을 모르는 건 당연해요. 이제 막 농협 운동이 시작되고 있으니까요. 이거 하나는 자신 있게 말할 수 있어요. 공무원으로 일하는 것보다는 농협에 들어가 일하는 게 농민들을 위하고 마을을 위하는 길이라는 겁니다. 농협에 들어가 일해 보면 알게 되겠지만 더 많은 보람을 느낄 수 있을 거예요."

그때는 이 말을 예사로 들어 넘겼다. 농협에 대해 전혀 아는 바가 없으니 당연했다. 그러나 이상하게도 김수현 교수가 들려준 협동조합 이야기가 지워지지 않았다. 경제적으로 약자의 처지에 있는 농민들이 잘 살기 위해 만든 협력 조직이라는 것이 마음에 들었다.

한편으로는 의문이 들기도 했다. 그런 조직이라면 왜 지금껏 내가 모르고 있었지? 하는 의문이었다. 우리 마을에서 볼 수 없었다는 것도 이상했다. 그러면서도 만약 그런 조직이 있다면 내 꿈을 실현해 보리라 생각했다.

'우리 마을에 농협이 있다면 좋겠는걸. 그러면 누구보다 먼저 달려가 일을 할 텐데.'

그날 이후 나는 막연히 농협이란 조직과 그 조직에 들어가 농민들을 위해 일하는 내 모습을 그려보곤 했다.

이게 농협이야?

"농협이요? 아무리 찾아봐도 그런 데는 없던데요? 그런데 농협이 뭐 하는 덴데요?"

김수현 교수의 이야기를 듣고서 아내에게 마을에 농협이 있는지 찾아보라고 했을 때 들었던 말이다. 아내도 나처럼 농협은 금시초문이었다.

그런데 우리 마을에도 농협이 있었다. 그것도 아내가 일하는 양장점 바로 옆에 있었다.

아내가 농협을 알아보지 못한 것은 당연했다. 양장점 바로 옆에 추레한 사무실 하나가 있었다. 도저히 사무실이라고는 볼 수 없는 헛간 같은 곳이었고, 간판도 제대로 걸려 있지 않았다. 그곳이 바로 농협이었다. 당시 면 단위로 농협을 만들 때라 이동조합 통합 업무를 보고 있었다.

나는 그 사무실을 제대하고 나서 처음 보았다. 바로 옆에 아내의 양장점이 있어 수없이 지나치면서도 그곳이 농협인 줄은 꿈에도 몰랐었다. 아무런 관심이 없으니 눈에 들어올 리 없었다.

사무실을 처음 본 순간, 나는 곧 실망하고 말았다. 사무실은 내가 생각한 것과는 판이하게 달랐다. 책상도 두어 개가 전부였고, 그 책상이 놓여 있다는 것이 신기할 정도로 사무실은 궁색했다. 이런 데서 어떻게 근무를 하지? 이런 생각이 들 정도였다. 게다가 사람도 볼 수 없었다. 협동조직체라면 활기가 있어야 하는데 마치 죽은 사무실 같았다. 사무실 입구 한 귀퉁이에 아주 조그맣게 붙어 있는 농협이라는 간판만 틀림없는 협동조직체라고 말하고 있을 뿐이었다.

그런데 운명이란 이런 건가보다. 정말 우연의 일치처럼 제대를 하고 고향으로 내려가자 그 사무실에 공채 고시가 떡하니 붙었다. 시험날짜도 바로 코앞이었다. 내가 전역한 날이 1973년 11월 14일인데, 그 며칠 후 고시를 본다는 공고가 나붙어 있었다.

나는 제대를 하고 나면 며칠은 푹 쉬고 나서 공무원 시험 준비를 하려고 했었다. 농협 시험을 본다 해도 충분히 알아보고 난 뒤 응시할 계획이었다. 어떤 시험을 보든 그것은 사회에 첫 발을 내딛는 중요한 선택이 될 터였다. 나는 결코 순간의 선택으로 진로를 결정하고 싶지 않았다.

그러나 농협 공채 고시는 이상한 마력을 지니고 있었다. 애써 무시하려 해도 자꾸만 내 마음을 잡아끌었다. 시험이 이번에만 있는 것도 아닐 테고 나중에 충분히 농협에 대해 알고 나서 다음 시험에 응시한다 해도 늦지 않는다는 생각도 해보았지만 마음이 가는 것은 막을 수 없었다. 결국 나는 아내에게 의견을 물었다.

"농협 공채 고시에 응시해볼까 하는데, 당신 생각은 어때?"

아내는 바로 대답을 하지 않았다. 인생의 중대한 결정을 내려야 하는 순간, 대답이 쉽게 나올 리 없었다.

"당신도 그렇겠지만 나도 농협에 대해 아는 바가 전혀 없어. 군에 있을 때 함께 근무한 동료가 들려준 이야기가 전부요. 그런데 농민을 위한 협동조직체라는 것이 마음에 쏙 들어와. 이야기를 듣는 순간부터 이런 데가 바로 내가 일을 할 데로구나 하는 생각이 떠나지 않는단 말이지. 공무원보다는 이 길이 내가 가야 할 길인 것 같아."

아내는 내 말을 듣고도 한참이나 말이 없었다. 무언가를 열심히 생각하는 모양인데 쉽게 입을 열지 않았다.

이윽고 아내가 나직하게 물었다.

"자신 있어요?"

딱 그 한마디였다. 그 한마디 속에는 여러 의미가 담겨 있었다.

나는 아내의 말을 충분히 알 수 있었다.

"자신 있어요."

정말 그랬다. 나는 누구보다 잘할 수 있다는 자신이 있었다. 한 번 달려들면 끝장을 보고야 마는 나였다.

나는 아내가 고마웠다. 지도자가 되고 싶은 나의 꿈을 가장 잘 알고 있는 아내다. 그런 아내가 나를 믿어주었다.

그날부터 나는 모든 걸 작파하고 시험 공부에 들어갔다. 시험이 불과 며칠 앞이어서 시간이 없는 게 불안했지만 일단은 달려들었다. 합격 불합격을 떠나 이왕에 보는 시험 꼭 잘 보고 싶었다. 사회에 나와서 처음 보는 시험에 어떤 미련이나 후회도 남기고 싶지 않았다.

시험 준비는 만만치 않았다. 그래도 군에 있을 때부터 준비한 공무원 시험 공부가 큰 도움이 되어 불안하지는 않았다. 그러나 일부 과목이 달라서 어떤 과목은 어떻게 해야 할지 몰랐다. 포기할 수도 없고, 처음 보는 과목을 무턱대고 공부한다고 해서 되는 것도 아니었다. 특히 주산은 난생처음이었다. 주판을 만져본 일이 없는 내게는 어려운 것들 천지였다.

어렵지만 나는 무조건 해야 한다고 생각했다. 시험에 떨어지는 것은 자존심이 허락지 않았다. 아무리 시간이 없어도 그건 변명밖에 안 되었다. 그런 각오로 나는 며칠을 꼬박 날밤을 새면서 벼락치기로 공부했다.

결과는 합격이었다. 그것도 2등이라는 높은 점수였다. 합격자 발표가 있던 날, 나는 해냈다는 성취감에 아내를 얼싸안았다. 감격스러웠다. 그런데 어느 순간, 이제부터 새롭게 걸어가야 할 길에 대한 걱정이 밀려오기 시작했다. 아무것도 모르는 농협이라는 조직, 그 조직에서 나는 과연 잘할 수 있을까 하는 불안감이었다.

지금 생각해보면 농협 공채 시험에 응시한 것은 내 인생의 첫 번째 모험이었다. 그 모험이 성공이 될지 실패가 될지는 오직 하늘만 알고 있었다.

제2장

신세계에서 나를 만나다

다르게 들어온 새로운 세상

1973년 12월 1일, 이 날은 내 생애 가장 잊을 수 없는 날이다. 이 날은 농협 공채 1기로 합격하여 평생의 일터인 가야농협으로 출근을 한 날이다.

군에서 제대한 지 보름 만에 나는 사회인이 되었다. 기쁨과 두려움, 설렘과 기대감이 뒤섞인 며칠을 보내고 나는 드디어 출근을 했다.

첫 출근은 싱거웠다. 집에서 5분 거리에 있는 직장으로 출근하는 것처럼 재미없는 건 아마도 없을 것이다. 버스도 타고 하면서 출근을 해야 맛이 나는데 5분이라는 거리는 두근거리는 마음으로 설레는 기분을 느껴볼 거리도 아니었고, 미래에 대한 기대와 포부를 가슴에 새길 만한 시간도 안 되었다. 늘 내가 걷던 익숙한 길을 걸어서 옆집 가듯이 출근을 했고, 기분도 이상하리만치 덤덤했다.

기분만은 상쾌했다. 일단 공채로 합격을 했으니 날아갈 것처럼 기분이 좋았다. 그 좋은 기분에 비록 짧은 출근길이었지만 농협이라는 조직을 배우며 내게 주어진 임무와 책임을 반드시 완수하자는 각오를 다졌다. 그것만이 나를 믿어준 아내와 부모님께 보답하는 길이었다.

이런 기분은 사무실에 들어서는 순간 여지없이 깨지고 말았다. 아무리 헛간 같은 사무실이라도 나는 체계적인 일이 있을 줄 알았다. 그러나 체계는커녕 아무런 것도 할 일이 없었다. 첫 날 내가 한 일이라고는 나와 같이 공채로 들어온 직원과 인사를 나누고, 조합장을 비롯해 기존에 있던 임직원들과 악수를 나누는 일이었다. 과연 이런 데서 일을 하기는 하는 것일까 하는 생각도 들었는데, 그 생각에 김이 팍 새기도 했다.

실망감은 오래 가지 못했다. 시간이 가면서 하나씩 놀라운 일들이 벌어지면서 나를 긴장시켰다. 먼저 나는 임직원이 나까지 포함하여 무려 여섯 명이나 된다는 사실에 놀랐다. 출근할 때는 여직원 하나만 달랑 있었는데 하나둘씩 소리 없이 모여들더니 어느새 여섯 명이 그 좁은 사무실을 차지하고 앉아 있었다.

그것만이 아니었다. 알고 보니 사무실은 임시 사무소였다. 가야

농협이 설립된 건 1973년 4월이었다. 이동조합 합병으로 가야단위 조합이 그때 설립되어 12월 31일 새로운 사무소 준공을 눈앞에 두고 있었다. 그러니까 나는 새로운 사무소로 들어가기 한 달 전에 첫 출근을 한 것이다. 임직원도 조합 설립 때는 세 명이었는데 공채로 직원을 새로 뽑아서 여섯 명이 되었고, 조합장과 참사(지금의 전무) 등 조직도 체계를 갖추어가고 있었다. 즉 이 여섯 명의 정예요원이 창립멤버였던 셈이다.

창립멤버라는 자각이 들자 마음을 바짝 다잡지 않을 수 없었다. 하루하루 출근을 하면서 긴장감을 늦추지 않기 위해 노력했고, 무슨 일이든 힘써 배우려고 했다. 그때까지만 해도 나는 농협이 어떤 일을 하는지 몰랐다. 단순히 은행 업무를 보는 곳으로만 알았다. 시골에서는 금융기관이라야 우체국과 농협이 전부인 시절이었으니 조합을 단순히 금융기관으로만 알았다.

그러나 막상 들어와 보니 신용사업은 일부에 지나지 않았다. 조합의 주된 사업은 경제사업이었고, 경제사업도 매우 다양했다. 지역 현안과 농민을 위한 다른 사업도 많았다. 이렇게 농협을 알아가면서 나는 비로소 내가 원하는 곳에 들어왔다는 것을 깨달았다.

문제는 조합이 아무것도 없는 무(無)의 세계라는 것이었다. 조직이나 체계를 갖추고 있다 하지만 끌어주는 선배가 없었고, 제도도 미비하여 막막한 일이 한두 가지가 아니었다. 출퇴근 시간도 정해

놓고 하는 것이 아니었고, 일은 있다지만 뚜렷하게 무슨 일을 해야 하는지도 몰랐다.

그럼에도 나는 자신감에 넘쳤다. 군에서 행정을 본 덕으로 남들보다는 잘할 수 있다는 막연한 자신감이었다. 나는 조직적인 체계는 얼마든지 일하면서 만들 수 있다고 생각했다. 또 무에서 유를 창조해 나가야 한다는 것은 큰 매력이었고, 내가 바라는 바였다.

하지만 자신감이 모든 일을 해결해 주지는 않았다. 현실적으로 당장 12월에 결산을 해야 했다. 결산이 무엇인지, 어떻게 해야 하는지 아는 것이라고는 아무것도 없었다. 다행히 결산 처리는 군지부에서 파견을 나온 직원이 했고, 나는 그 직원을 통해 일을 배울 수 있었다.

어려움은 그게 다가 아니었다. 더 큰 문제가 있었는데, 사기와 직결된 문제였다.

솔직히 일은 열심히만 배우면 되었다. 모르는 일도 집에 싸들고 들어가 밤새 씨름하다보면 하나둘씩 터득할 수 있었고, 그렇게 다른 일도 차츰 숙련돼 갔다.

이런 재미는 월급날만 되면 사그라지곤 했다. 때가 되면 나와야 할 월급이 번번이 안 나왔는데, 월급은커녕 출장비부터 시작해 하나부터 열까지 업무에 드는 비용을 스스로 해결해야만 했다. 이런 건 나뿐만이 아니었다. 우리는 6개월 동안 월급도 한 푼 받지 못하고 무료 봉사를 하듯이 일했다.

처음에 가졌던 의욕은 날이 가면서 식어갔다. 원하던 직장을 가졌다는 기쁨도 줄어들었다. 조합이 설립 초기라서, 모든 게 처음 하는 사업이라서 온갖 어려움과 싸워가며 일은 했지만 '이게 아닌데……' 하는 생각이 드는 건 어쩔 수 없었다.

이런 나의 마음을 다잡아준 것은 조합원들이었다. 당시 조합은 초창기라서 큰 사업은 엄두를 못 내고 누에고치 공판이나 비료 판매, 계통농약 배포 등 경제사업만을 하고 있었다. 농민들은 이런 사업만으로도 우리를 고맙게 생각했다. 이를 보면서 나는 잘만 하면 지역을 위해 큰 사업을 할 수도 있을 것 같다는 희망을 가졌다. 비록 내 돈을 써가며 몸을 사리지 않고 뛰어야 했지만 농민을 위한 사업을 한다고 생각하니 절로 힘이 났다.

생각을 바꾸면 세상이 달라진다고 했다. 나는 농민을 통해 달라진 세상을 보았다. 어느 조직이나 처음에는 다 나처럼 시련을 거친다고 생각한 순간, 세상은 내 눈에 다르게 들어왔다.

나는 달라진 세상에서 재미를 찾을 수 있었고, 보람을 맛볼 수 있었다. 언젠가는 나의 노력이 반드시 결실을 볼 수 있으리라는 믿음이 날이 갈수록 커져만 갔다. 농민을 위해 일한다는 것에 감사하자, 이런 마음으로 나는 조합의 뿌리를 확실하게 내려야겠다고 생각했다.

사람이 실수도 해야 사람인 게지

가야농협은 내가 입사한 지 3개월 만에 활기를 띄기 시작했다. 임시 사무실에서 신축한 사무소로 들어가면서 조직도 어느 정도 정비되었고, 군 농협에서 상호금융과 비료사업, 구매사업을 넘겨받으면서부터는 생기가 돌았다. 그때가 1974년 2월이었다. 이듬해에는 연쇄점을 개점하고 말 그대로 협동조합다운 농협으로 성장하기 시작했다. 이 기간 동안 나는 농협인으로 거듭났다.

처음 내가 맡은 일은 비료 담당 서기였다. 이때 나는 애를 무진 먹었다. 지금이야 비료가 풍부해 제한이 없지만 당시는 비료가 모자라 경지 면적에 따라 할당을 했었다. 이 과정에서 나는 조금이라도 비료를 더 확보하려는 조합원들과 매일 전쟁을 치렀다.

나는 비료를 할당할 때 철저하게 원칙을 지켰다. 그러나 일부 조합원들은 비료를 더 달라고 무조건 조합으로 쳐들어왔다. 이럴 때는 정말 곤혹스러웠다. 팽팽하게 맞서서 싸우는 일도 심심찮게 있었다. 나는 대상이 힘없는 농민이라서 아무리 떼를 써도 이해하고 수용하려고 노력했다. 모두가 마을 어르신들이라서 심신은 피곤하고 지쳐도 서운함을 주지 않으려고 최선을 다했다.

그럼에도 나는 욕을 많이 먹었다. 출자금 때문이었다. 욕먹는 게 나만은 아니었지만 담당이 비료이다 보니 다른 직원들보다 더 욕을 먹었다.

조합이 성장을 하기 위해서는 우선적으로 출자금을 많이 확보해야 한다. 조합을 운영하고 고정적인 사업을 하기 위해서는 출자금이 큰 몫을 한다. 어느 조합이나 다 그렇듯 설립한 지 얼마 안 되는 조합은 출자금 조성이 가장 어렵다. 당장 끼니 걱정부터 해야 하는 농민들에게 출자금을 제대로 걷을 수 없기 때문이다. 우리 조합도 운영을 할 수 없을 정도로 출자금 모으기가 힘들었다.

우리는 출자금을 조성하기 위해 여러 가지로 방법을 강구했다. 그리고 나온 결론이 비료를 할당할 때 일정 금액의 출자금을 붙이자는 것이었다. 농사만 지어서 살기에도 빠듯한 농민들에게 출자금을 걷기는 불가능하니 비료에 출자금을 붙여 반강제로라도 출자금을 조성하자는 계획이었다.

이 방법은 조합원들의 강한 반발을 불렀다. 비료를 가져갈 때마다 한 포대에 얼마씩 돈을 붙여 내주니 불만이 많은 것은 당연했다. 출자금 명목으로 붙인 돈이라 해봐야 고작 100원 200원 정도였다. 그러나 이런 작은 돈도 가난한 농민들에게는 큰돈이었다. 농민들은 조합의 성장보다는 당장 먹고 살 것이 우선이었다. 조합이 잘 되어야 농민이 산다는 의식이 없어 출자금 같은 것은 신경도 쓰지 않았다.

조합이 살 수 있는 길은 출자금을 조성하는 길밖에 없었다. 욕을 먹어도 어쩔 수 없었다. 그래서 나는 비료를 담당하고 있다는 죄 아닌 죄 때문에 하루에도 몇 번씩 멱살을 잡히고는 했다.

출자금 조성은 비료뿐만이 아니었다. 누에고치에도 출자금을 붙였다. 때마침 우리 마을은 누에고치를 많이 기르고 있었다. 이 누에고치를 조합에서 공판을 했는데, 누에고치를 팔 때마다 대금에서 출자금을 떼어냈다. 그러자 농민들은 나만 보면 젊은 놈이 강제로 돈을 걷어간다며 때려죽인다는 말도 서슴지 않았다. 내가 떼어가는 것도 아니고 조합을 운영하기 위한 것인데도 막무가내였다.

출자금은 여름과 가을에도 걷었다. 하곡과 추곡 때 나락 한 말 보리 한 말, 이런 식으로 출자금을 현물로도 걷었다. 현물은 직원들이 지게나 수레를 이용해 일일이 농가를 돌면서 거두어들였다.

그때의 고생은 이루 말할 수 없었다. 그러나 이런 고생도 농민들의 순박한 마음을 대하면 봄눈 녹듯이 스르르 풀어지곤 했다.

이런 일이 있었다. 누에고치 공판을 할 때였다. 어느 날 나는 정산을 잘못해 낭패를 보고 말았다. 그때까지도 나는 주산이 손에 붙지 않아 서툴렀다. 궁하면 통한다고 막상 주판을 잡고 배워 가면서 주산을 하긴 했지만 아무래도 익숙지 못한 솜씨라 실수가 많았다.

그날도 누에고치 공판을 마치고 사무소에서 정산을 하고 있었다. 그런데 계산이 영 맞지 않았다. 한두 푼도 아니고 몇 만 원이나 오차가 났다. 당시로서는 큰돈이었다.

나는 몇 번이나 정산을 되풀이했다. 그런데도 계산은 맞지 않았고, 밤이 깊어서야 그 돈을 조합원인 한 어르신에게 지급한 사실을 발견할 수 있었다.

실수를 발견한 나는 밤이 깊었다는 것도 잊은 채 자전거를 타고 어르신 댁으로 찾아갔다. 날이 밝은 뒤 찾아갈 수도 있겠지만 당장 실수를 돌려놓지 않으면 잠을 이룰 수 없을 것 같았다.

밤길을 달려가면서 나는 만약 당사자가 시치미를 뚝 떼면 어쩌나 하는 걱정에 불안하기만 했다. 모르쇠로 나온다면 큰일이었다.

마음을 졸이며 찾아간 나와는 달리 어르신은 내가 올 줄 알았다는 듯이 반겼다.

"내 자네가 올 줄 알았지. 무슨 일이 생기면 바로 해결해야 하는 그 성질머리 어디 가겠어? 잠깐만 기다리게."

어르신은 방으로 들어가 봉투 하나를 들고 나왔다. 알고 보니 어르신은 집에 와서 대금을 세보다가 돈을 더 받은 줄 알고는 그 돈을 따로 떼어서 돌려주려고 갖고 있었다.

"젊은 사람이 그렇게 셈에 약해서 어떡하나? 자네 이제 보니 정확한 사람인 줄 알았는데 실수도 하고 그러는구먼. 허허. 하긴 사람이 실수도 해야 사람인 게지 완벽하면 사람이 아니지."

어르신이 내미는 봉투를 받으며 나는 고마움에 눈물이 왈칵 나려고 했다.

"어르신, 고맙습니다. 정말 고맙습니다. 어르신이 저를 살리셨습니다."

나는 진정으로 고마웠다.

"뭘 이까짓 거 가지고 그러나. 당연한 것을."

나는 몇 번이나 허리를 굽히고 인사를 하고는 자전거를 돌렸다. 그러자 어르신이 내 뒤에 대고 이렇게 말하는 것이었다.

"이 사람 바쁘기는. 저녁은 먹었나? 보아하니 아직 식전인 것 같은데 밤이 늦어 대접은 그렇고 물이라도 시원하게 한 사발 하고 가게. 속 태우며 달려왔을 테니 목이라도 축이고 가야 할 거 아닌가."

그 말씀에 나는 감격하고 말았다.

이런 일도 있었다. 출자금 회수를 다닐 때였다. 그때는 조합에 하나밖에 없는 낡은 오토바이를 타고 다녔는데 자금을 걷고 조합으로 돌아오다가 그만 돈가방을 떨어뜨리고 말았다. 이 사실을 조합에 들어와서야 알았다. 가방을 오토바이 뒤에 싣고 다녀서 떨어뜨린 것을 모르고 있었던 것이다.

눈앞이 캄캄했다. 내 실수로 조합에 누를 끼칠 것을 생각하니 죽을 것만 같았다. 나는 곧바로 오토바이를 타고 나가서 지나온 길을 샅샅이 훑었다. 가방은 어디에서도 볼 수 없었다. 결국 나는 집으로 돌아와 밤새 이 일을 어떻게 처리할지 끙끙 앓았다.

다음날 아침, 나는 뜬눈으로 밤을 새다시피 하고서 출근을 했다. 사무소에 들어가는 것이 꼭 형장에 들어서는 기분이었다. 그런데 갑자기 조합원 한 분이 나를 보고는 달려왔다. 내가 어제 방문했던 마을의 어르신이었다.

"자네 어제 이거 흘리지 않았나? 논두렁에 있기에 자네 건 줄 알고 내 가져왔네. 오토바이를 타고 다닐 때는 가방을 단단히 묶어야 해. 안 그러면 울퉁불퉁한 길을 가다가 떨어뜨리기 쉽거든."

이런 일은 예사로 있었다. 실수가 아니더라도 어르신들은 나를 친자식 보듯 대해 주셨다. 비록 출자금 문제로 옥신각신하고 조합이 처음 출범하여 생소한 사업을 하는 과정에서 부딪치는 일이 많았지만 언제나 한 가족처럼 품어 주었다.

'농협에 들어오길 정말 잘했구나!'

그럴 때마다 나는 뿌듯한 마음에 조합을 내 힘으로 일으켜 세우고 말리라 다짐했다.

농협은 무한대로구나!

한 신발 회사가 아프리카에 시장을 개척하기 위해 직원 두 명을 파견했다. 그런데 이들 직원의 시장조사 결과가 각기 달랐다. 한 명은 아프리카 사람들이 모두 신발을 신지 않고 맨발로 생활하기 때문에 시장 개척이 불가능하다고 보고했고, 다른 한 명은 오히려 모두가 맨발이기 때문에 시장이 무궁무진하다고 보고한 것이다. 과연 신발 회사는 어떤 결론을 내렸을까?

이 이야기는 내가 잘 쓰는 예화 중 하나다. 나는 경영자로서 두 번째 보고를 택한다. 아프리카 사람들이 신발을 신지 않고 있어 시장이 무한대이기 때문이다. 아마도 경영자라면 모두 나와 같은 선택을 하지 않을까 싶다.

나는 농협이 무한대의 시장을 가지고 있다고 믿는다. 어떤 사업이든 확신을 가지고 펼치면 못 할 게 없고, 영역 또한 무한대다.

가야농협에 입사하여 1년 동안은 그야말로 갖은 어려움 속에서 보냈다. 그 1년이란 시간 속에서 느낀 것은 협동조합의 역량은 무한대로구나 하는 것이었다. 어떤 일이든 개척만 하면 다 이룰 수 있다는 확신이 들었다.

가장 큰 매력은 조합이 이제 막 시작되었다는 것이었다. 모든 것이 처음이기 때문에 일을 하면 할수록 재미있었다. 신세계를 개척하는 것만큼 경이롭고 흥분되는 일은 없을 것이다. 나는 그 경이로움과 흥분을 조합에서 일을 하며 맛보았다.

무엇이든 할 수 있다는 자신감을 심어준 것은 다름 아닌 조합원들과 농민들이었다. 말단 서기로 일을 하면서 나는 우리 농민들의 열의를 현장에서 읽을 수 있었다. 그 열의는 잘 살아보자는 의지에서 나온 것이었다.

조합이 자리를 잡아갈 즈음 나는 조합의 운영과 사업을 설명하기 위한 사랑방 간담회에 자주 나갔다. 간담회는 우리 지역의 모든 마을을 순회하며 열리기 때문에 몹시 고된 일이었다. 그러나 나는 농민들의 열성에 피곤한 줄을 몰랐다.

사랑방 간담회가 열리면 사람들은 하나도 빠짐없이 모여들었다. 가난한 살림을 어떡하든 벗어나야 한다는 강한 열망이 동력이었다.

출자금과 같은 문제로 서로 낯을 붉힐 때도 많았지만 소득 증대에는 한 마음 한 뜻이었다. 조합의 사업을 설명하는 나를 바라보는 농민들의 모습은 진지하기만 했고, 어떻게 하면 잘 사는 마을로 만들 것인가 하는 주제로 토론을 할 때는 열기가 너무 뜨거워 사랑방이 후끈 달아오르곤 했다.

마을을 돌 때는 자전거와 오토바이를 이용했다. 교통이 발달하지 않았던 때라 걸어서 강행군을 하기도 했다. 깊숙한 산중 마을에 들어갈 때는 밤중에 갇혀 마을에서 묵기를 예사로 했고, 겨울에 눈이라도 오면 오도 가도 못 하고 꼼짝없이 눈이 그치기만 기다리기도 했다.

그럴 때면 농민들과 어울려 밤을 샜다. 농민들은 없는 살림일지라도 따뜻한 밥 한 끼를 서로 내놓았고, 막걸리 한잔에 우리는 가족이 되었다. 하나가 된다는 것처럼 아름다운 것이 또 있으랴.

우리는 막걸리에 흥건히 젖어 미래를 그렸다. 조합원과 조합 직원이 아닌 부모형제로 만났고, 잘 사는 길이라면 서로가 밀어주고 끌어주고 했다. 그렇게 우리는 오순도순 합심체가 되어 조합을 성장시켜 나갔다. 이런 과정은 나에게 조합이 무한대로 뻗어나갈 수 있다는 확신을 주었다.

조합원과 똘똘 뭉친 결과는 대단했다. 사업을 하면 안 될 것이 없었고, 조합도 탄탄하게 성장곡선을 그려갔다. 인근의 조합보다 해마다 두 배 세 배의 성과를 올렸으니 정말 빠른 속도였다.

'하면 되는구나! 그래, 하면 된다!'

안 된다는 생각은 아예 하지도 않았다. 이는 대부계를 맡아 일을 할 때도 마찬가지였다. 규정에 묶여 안 되는 것도 가능한 모두 되게끔 만들었다.

늘 돈에 쪼들리는 농민들에게 농협에서 해주는 대부는 큰 힘이었다. 농민이 비빌 언덕은 농협밖에 없었다. 그런데 대출을 받고 싶어도 이런저런 규정에 걸려 받지 못하는 사람들이 많았다. 일정한 자격 요건을 갖추지 못한 그들을 보는 것은 또 다른 고통이었다.

보다 못한 나는 농협 대부가 절실한 사람들에게 아버지를 보증인으로 세우고 대출을 해주었다. 나중에는 아버지 도장을 지니고 다니면서 대출을 해주었는데, 이런 일로 감사를 받을 때 오해도 많이 받았다. 그러나 나는 개의치 않았다. 하늘을 우러러 한 점 부끄러움 없으니 떳떳했다. 대출을 받은 농민들이 삶의 희망을 가지는 것을 보면서 자랑스러웠다.

희망의 나날은 계속 이어졌다. 그리고 나는 마침내 큰 책임을 맡게 되었다. '새마을소득증대종합개발사업' 이었는데, 직함이 부장이었다.

부장이란 중책을 맡은 나는 조금은 흥분도 되고 긴장도 되었다. 잘할 수 있을까 걱정도 들었다. 그만큼 사업은 성공만 하면 지역의 발전을 이룰 수 있는 매우 중요한 사업이었다.

그날부터 나는 머리를 짜내기 시작했다. 농민들의 소득을 어떻게 하면 더 끌어올릴 수 있을까 방법을 찾고 또 찾았다. 나는 단기적인 사업보다는 장기적으로 지역을 발전시킬 수 있는 사업을 구상했다. 그렇게 해서 나온 결론은 산지를 자원으로 개발하는 것이었다. 즉 부업축산이었는데, '육성우비육사업' 이라는 사업이었다.

이 사업은 조합에서 자금을 지원해 농가마다 소를 기르게 하는 것이었다. 농가 부업으로 축산을 장려한 것인데, 결과는 예상했던 것보다 큰 성과로 나타났다. 그러자 도에서도 더 많은 자금을 저리로 지원하기 시작했다. 지금 우리 지역은 전국에서 소를 가장 많이 키우는 지역으로 유명하다. 이는 그때의 사업이 밑거름이 되었다.

부업축산에 참여한 농가들은 해마다 소득이 크게 올랐다. 모두 부자라는 소리를 들었고, 마을에 엄청난 변화를 일으켰다. 이 사업은 나중에 정육사업으로까지 확대되어 전국의 농·축협에 정육코너가 생기는 기틀이 되기도 했다.

내게 주어진 사업을 성공적으로 완수했다는 것은 크나큰 희열이었다. 나는 이 사업을 추진하면서 비로소 농민들 속으로 들어갈 수 있었다. 우리 농민들이야말로 무한대의 원천이라는 것을 몸으로 알 수 있었다.

마음이 있는 곳에 길이 있지요

"아니 그런 몸으로 이 새벽에 또 가요?"

"이 사람아, 지성이면 감천이라고 하지 않았나. 무슨 일이건 마음과 정성을 다해야 이룰 수 있는 걸세. 내 조심해서 다녀올 테니 너무 걱정 말게."

해인사분소장으로 있을 때 어느 날의 새벽 풍경이다. 그 무렵 나는 매일 해인사로 새벽 예불을 다니고 있었다. 그러던 어느 날 나는 몸이 크게 다치는 오토바이 사고를 당했다.

경제사업이 활성화되면서 조합은 차차 자리를 잡아갔다. 해인사분소와 숭산분소 등 분소도 두 군데나 냈고(그때는 '지점' 을 '분소' 라 칭했다), 1978년에는 자립조합으로 선정되는 기쁨도 맛보았다.

하는 일마나 척척 되었고, 신나고 보람찬 나날이었다.

무엇보다 좋았던 것은 지역민들의 의식이 완전히 바뀌었다는 것이었다. 처음 조합을 설립할 때는 농협을 돈놀이나 하는 조직으로 보았던 지역민들이 경제사업을 펼쳐나가는 과정에서 농협이 농가 소득을 올리는 선봉에 있다는 것을 깨닫게 되었고, 이는 자연스럽게 조합에 대한 인식을 바꾸어 농협이 자신들을 도와주기 위해 존재한다는 것을 알게 된 것이다. 이러한 의식의 전환은 가야농협이 발전하는 원천이 되었다.

조합의 발전과 함께 나에게 맡겨지는 임무도 더욱 커갔다. 1979년 3월에는 서기로 입사한 지 5년 만에 해인사분소장으로 발령을 받았다. 마침내 책임자의 자리까지 오른 것이다.

해인사분소장을 맡은 나는 조합이 발전하기 위해서는 전환점이 있어야 한다고 생각했다. 경제사업을 더욱 활성화하려면 신용사업을 튼실하게 다져야 한다는 구상이었다.

내가 얻은 결론은 해인사와 금융 거래를 트는 것이었다. 만약 그렇게만 된다면 조합은 튼튼한 반석 위에 오를 수 있고, 백년대계도 그릴 수 있을 것 같았다. 그러나 이 일은 마음처럼 쉽게 되는 일이 아니었다.

해인사는 대구에 있는 은행과 금융 거래를 하고 있었다. 그때까지도 단위조합은 금융기관으로 취급하지 않았으니 당연했다. 우체

국처럼 지역민들이 이용하는 간이 금융기관에 불과하다는 인식이 전부였다. 해인사처럼 큰 사찰이 조합과 거래할 일은 전혀 없었다.

나는 해인사와 금융 거래를 트는 것을 목표로 삼았다. 나중에 안 되더라도 지레 포기하고 싶지는 않았다. 목표를 정한 나는 먼저 마음과 정성을 보여야 한다고 생각했다. 시골 마을의 보잘것없는 조합으로 예금을 유치하려면 그 길밖에 없었다.

그날부터 해인사의 새벽예불에 참여했다. 나는 불자였다. 그런데 조합 일로 정신없이 바쁜 나날을 보내느라 절에는 한동안 가지 못하고 있었다. 나는 그 동안 흐트러진 불심도 다잡을 겸 새벽예불에 빠지지 않고 다녔다.

나는 새벽예불을 다니면서 주지 스님을 비롯해 총무 스님 등 많은 스님들을 찾아가 뵈며 성심으로 문안을 드렸다. 거래를 하기 위해서가 아니었다. 조합 이야기는 한마디도 꺼내지도 않았고, 불자로서 도리를 다한다는 마음으로 정성을 들였다. 내 인생의 나침반인 명진 스님을 만난 것은 그 무렵이었다.

해인사 주변으로는 30여 개의 암자가 있었다. 그 중 '길상암'이라는 암자에 명진 스님이 기거하고 계셨다. 나는 새벽예불을 드리면 꼭 길상암에 들러 문안을 여쭈었다. 오토바이 사고가 난 건 그때쯤이었다.

그날도 나는 여느 날처럼 동이 트기 전에 일어나 샤워를 하고는 정갈한 몸으로 해인사로 향했다. 오토바이를 타고 달리는 해인사의 새벽길은 언제나 신선했다. 그런데 해인사로 향하는 길은 불빛이 하나도 없어 아침 해가 떠오르기 전까지는 바로 앞을 볼 수 없을 정도로 어두웠다. 그 길을 나는 매일 다녀서 눈을 감고도 갈 정도로 익숙했는데, 그날따라 그만 넘어지는 사고를 당하고 말았다.

나는 곧 병원에 실려 갔다. 다리를 크게 다쳐 움직일 수 없을 정도로 큰 사고였다. 병원에서 치료를 받으면서 나는 답답하기만 했다. 지금 내가 이러고 있을 때가 아닌데 하는 조바심도 났다. 그래서 어느 정도 움직일 수 있게 되자 퇴원을 하고 다시 새벽예불에 참여했다. 아내는 성하지 않은 몸을 걱정했지만 나는 아무렇지도 않았다.

"허…… 분소장님 정성이 대단하십니다그려. 그 마음에 탄복했소이다."

절뚝거리는 다리로 새벽예불을 마치고 길상암에 들렀을 때 명진 스님이 하신 말씀이다.

명진 스님은 정성을 다하는 나를 매우 좋게 보셨다. 그날 이후 스님은 내가 말을 꺼내지도 않았는데 나의 의중을 들여다보고 있다는 듯 나를 도와주셨다.

"마음이 있는 곳에 길이 있지요."

명진 스님은 언제나 이렇게 말씀하셨다. 그리고 한 번 가진 마음은 변치 않아야 한다고 말씀하셨다.

명진 스님의 도움으로 나는 해인사의 예금 일부를 유치할 수 있었다. 이제 막 시작한 시골 조합이 해인사와 금융 거래를 한다는 것은 정말 대단한 일이었다. 그때 나는 얼마나 기뻤는지 모른다. 하늘은 스스로 돕는 자를 돕는다고 마음과 정성을 다하면 하지 못할 일이 없다는 것을 그때 새삼 깨달았다.

명진 스님은 길상암의 관리까지 나에게 모두 맡기셨다. 스님은 평생을 어려운 이웃과 그늘진 아이들을 위해 많은 덕을 베푸셨는데, 거기에 쓰이는 돈까지 나에게 맡기셨다.

명진 스님은 조합에 일이 있을 때마다 많은 힘을 주셨다. 스님의 도움으로 나는 조합이 확실한 성장을 할 수 있는 발판을 만들 수 있었다. 그 동안 돈이 없어 추진하지 못하던 경제사업도 펼칠 수 있었고, 신용사업은 해인사와의 금융 거래로 비약적인 신장을 이룰 수 있었다.

사람들을 가슴으로 품어 안으세요

명진 스님은 내가 어렵고 힘들 때마다 위안을 주고 상처를 보듬어주었다. 나는 스님의 은혜를 갚기 위해 길상암의 살림을 도맡아 해드렸고, 불사가 있으면 제일 먼저 달려가 스님을 도왔다. 그것만이 명진 스님에 대한 나의 도리였다.

나는 명진 스님과의 인연도 운명이라고 생각한다. 이런 일이 있었다.

나는 삼남매를 두었다. 아들이 여섯 살 때였다. 어느 여름날, 아들이 누나들과 어울려 개울에서 물놀이를 하며 놀고 있었다. 그 무렵은 마침 비가 많이 내려 개울물이 불어나 있었는데, 아들이 그만 물놀이를 하다가 고무튜브가 엎어지는 바람에 물살에 쓸려가 버리고 말았다.

날벼락 같은 소식을 듣고 허겁지겁 달려갔을 때는 어디로 쓸려가 버렸는지 모습을 찾을 수가 없었다. 가슴이 철렁했다. 익사라도 했으면 어쩌지 하는 불안감에 정신이 아득하여 도대체 무엇을 어떻게 해야 할지 몰랐다.

아내는 나를 붙들고 울부짖기만 했다. 나는 아내의 울부짖음에 정신을 차리고는 개울을 따라 아들을 찾아 나섰다. 다행히 아들은 개울 저 밑에서 통나무를 붙잡고 허우적대고 있었다.

아들을 발견한 나는 통나무를 절대 놓치면 안 된다고 외치고는 세차게 흐르는 물살부터 막아야 한다는 생각에 황급히 주위를 둘러보았다. 하필 그때 나는 교통사고로 목발을 짚고 있었다. 주변에는 물살을 막을 만한 것도 보이지 않았다. 물살을 막기 위해서는 튼튼한 가림막이 있어야 하는데, 몸이 불편한 나는 애만 태우며 발만 동동 구를 뿐 방법을 찾지 못하고 있었다.

그때였다. 어디서 나타났는지 이웃에 사는 후배가 대문을 뜯어서는 한달음에 달려왔다. 그리고는 아들이 허우적대고 있는 곳 바로 위에 대문을 밀어 넣고 물살을 막았다. 아들은 이미 정신을 잃었는지 흐르는 물살에 치여 흐느적거리고 있었다. 나는 후배와 함께 정신없이 개울로 뛰어 들어가 아들을 끌어올렸다. 아들은 의식은 없었지만 숨을 쉬고 있었다.

개울에서 아들을 끌어올린 나는 위기를 넘겼다는 생각에 그만 맥을 놓고 주저앉았다. 아들을 지체 없이 병원으로 옮겨야 하는데도 기운이 풀려 꼼짝을 할 수가 없었다. 그때 명진 스님이 거짓말처럼 나타났다. 마침 근처를 지나가다가 나를 발견하고 달려온 것이었다. 명진 스님은 정신을 놓고 있는 나를 대신해 아들을 안고는 병원으로 옮겼다. 아들은 그렇게 목숨을 구할 수 있었다. 천우신조였다.

만약 후배와 명진 스님이 아니었으면 아들이 어찌 되었을지 모른다. 그만큼 상황이 다급했다. 아들을 살린 후배와 명진 스님은 우리 가족에게 은인이다. 명진 스님과의 인연을 운명이라고 하는 것은 이 때문이다.

명진 스님은 나에게 형님이자 아버지, 어머니였다. 나를 가장 잘 알고 이해해 주셨다. 나는 마음에 상처가 있거나 힘들고 괴로운 일이 있으면 스님부터 찾았다. 그때마다 스님은 늘 고요한 모습으로 마치 자식을 보듯 나를 대하셨다. 나는 스님의 말씀을 통해 상처를 치유할 수 있었고, 안 풀리는 일도 다 풀 수 있었다.

"늘 양보하고 돌아가세요. 아무리 하잘것없는 일일지라도 사람들과 의논하고 소통해야 합니다. 결코 조급하게 서두르지 말고, 사람들을 가슴으로 품어 안으세요. 정도를 걸으면 하고자 하는 일은 반드시 이룰 수 있습니다."

나는 고통이 찾아올 때마다 언제나 명진 스님의 말씀을 되새기곤 했다. 그럴 때마다 내 영혼은 맑게 정화되었다.

나는 새로운 사업을 추진하거나 일을 벌일 때는 꼭 명진 스님을 찾아가 말씀을 들었다. 스님은 언제 어느 때라도 내가 찾아가면 말씀을 주셨고, 그 말씀을 따라 행하면 일이 그대로 되었다. 스님은 내 곁에 있는 것만으로도 큰 위안이었고, 스님을 보는 것만으로도 나는 평화를 얻었다.

명진 스님은 경향 각처에 따르는 신도가 많았다. 그런데도 무척 검소하고 소탈한 삶을 사셨다. 서울이나 다른 지역에서 벌어지는 크고 작은 법회에 참석할 때는 꼭 김밥을 싸 들고 버스나 기차를 이용하셨다. 언젠가 나는 스님에게 건강도 생각해야 하니 승용차를 한 대 사서 이용하라고 권유하기도 했다. 그러나 스님은 대중교통을 이용하면서 사람들이 사는 모습을 보는 게 좋다시며 한사코 듣지 않았다. 나중에 건강이 악화되어 거동하기가 힘이 들자 주위의 권유를 뿌리치다 못해 승용차를 한 대 사셨는데, 그나마도 타지 않고 세워두는 날이 더 많았다.

명진 스님은 생전에 한 가지 바람을 갖고 계셨다. 복지시설을 만드는 것이었다. 스님은 한평생을 오갈 데가 없는 아이들을 돌보셨다. 부모 잃은 아이들을 볼 때마다 그냥 지나치는 법이 없었다. 자식처럼 데려와 키우고, 모두 다 바른 마음으로 사회에 내보내셨다. 입적을 하실 무렵에도 적지 않은 아이들을 돌보고 계셨다.

나는 명진 스님의 뜻을 누구보다 잘 알고 있었다. 언제든지 스님이 일을 시작하면 보탬이 되겠다는 생각을 늘 품고 있었다.

하루는 스님이 나를 찾았다.

"더 늦기 전에 생각만 가지고 있던 일을 추진해야 할 것 같소. 의지할 곳 없는 아이들과 노인들이 편하게 쉴 수 있는 복지관을 하나 만듭시다. 먼저 양로원을 만드는 게 좋겠소."

"예, 스님. 저도 이제는 추진을 해야 한다고 생각하고 있었습니다. 그래서 준비를 한 것이 있습니다. 다행히 저는 아버지에게 물려받은 땅이 조금 있습니다. 우선 양로원을 지을 터가 필요할 테니 그 땅을 제가 내놓겠습니다."

"고맙소. 내가 조합장 덕을 많이 보는구려."

"무슨 말씀이십니까. 스님이 제게 주신 것에 비하면 아직 멀었습니다. 양로원 짓는 것은 제가 힘써 추진하겠습니다. 스님이 바라시는 양로원을 꼭 짓도록 하겠습니다."

양로원을 짓는 일은 일사천리로 진행되었다. 나는 양로원을 짓기에 맞춤하다 생각되는 땅을 내놓았다. 1,800평 정도였는데, 그 정도면 좋은 시설 하나는 만들 수 있을 것 같았다.

나는 명진 스님과 함께 좋은 일을 한다는 생각에 기쁜 마음으로 터를 닦는 현장에 나가서 일이 어떻게 진척되는지 세심하게 살폈다. 그런데 스님은 이 일을 끝까지 보지 못하셨다. 일이 시작되고 얼마 후 입적을 하신 것이다.

명진 스님의 다비식이 있던 날, 나는 열반에 드시는 스님을 보며 하염없이 눈물만 흘렸다. 내가 할 수 있는 것은 아무것도 없었다. 나는 세상에 홀로 남겨진 기분이었다.

길상암은 비탈진 경사 위에 자리하고 있다. 암자로 들어서는 초입에는 개울이 있고, 그 개울을 건널 수 있는 아주 작은 다리 하나가 놓여 있다. 스님의 법명을 따서 '명진교'라 부른다. 그 다리를 건너 비탈진 경사를 따라 가파른 돌계단을 오르면 암자 하나가 스님처럼 덩그마니 앉아 있다.

나는 지금도 명진 스님이 그리우면 길상암을 찾는다. 언제나 나를 맞아주시던 스님은 지금 없다. 그러나 마음속에는 늘 살아계신다.

가파른 계단을 따라 올라갈 때는 발걸음이 그렇게 무거울 수가 없다. 마음에 꽉 찬 먼지가 나를 짓누르기 때문이다. 이러한 번뇌와 고통은 계단을 하나씩 내려올 때면 흔적도 없이 사라지고 만다. 심신이 맑아지면서 마술처럼 걱정 근심이 다 풀리고, 청량한 기운이 들어와 세상이 아름답게만 보인다.

"마음을 비우면 마음의 소리가 들립니다. 마음의 소리를 따라 행하고 살아가세요."

명진 스님은 계단을 따라 내려서는 나에게 늘 그렇게 말씀하신다.

이참에 세상을 돌아보시구려

해인사의 예금을 유치하면서 조합 성장의 발판을 마련한 나는 이어 우리 지역에 산재해 있는 도자기공장의 예금도 유치했다. 지금은 값싼 중국산 도자기가 밀려오는 바람에 생활도자기공장이 사라지고 없지만 한때는 지역경제를 살리는 혈관이었다. 공장에서 일하는 사람만 500명 이상 되었고, 인건비만 한 달에 5억 원이었으니 작은 시골 마을의 경제를 책임지다시피 했었다.

신용사업의 발전은 조합이 성장할 수 있는 굳건한 발판이 되었다. 나는 이러한 공으로 1980년 3월 참사로 승진을 했다. 해인사분소장으로 일한 지 꼭 1년만이었고, 서른두 살 때였다.

나는 도내에서 제일 젊은 책임자였다. 조합을 위해 앞만 보고 달러온 결과여서 기쁘기 그지없었다. 열심히만 하면 이렇게 평가를 받는구나 하는 생각에 의욕도 불타올랐다.

참사로 취임한 나는 분명한 목표를 세웠다. 우리 조합을 도내 1등 조합으로 만든다는 것이었다. 나는 젊은 나이에 조합을 실질적으로 책임지고 운영했는데, 내가 세운 목표대로 가야농협 참사 시절 한 번도 도내 1등을 놓친 적이 없다.

가야농협을 1등 조합으로 만들 수 있었던 것은 성공적인 지도사업 덕이었다. 조합의 주인은 농민이다. 그러므로 농민이 조합은 내것이라는 주인의식을 가져야 한다. 주인의식이 있어야 조합 사업에도 적극 참여하고 실천할 수 있다. 라면을 하나 사더라도 내 물건을 내가 산다는 마음으로 조합의 연쇄점을 이용하게 되고, 조합에서 펼치는 사업도 내가 사업을 계획하고 만들어간다는 마음으로 참여할 수 있다. 조합이 발전하는 길은 그 길뿐이다.

나는 참사로 일했던 6년 동안 조합원들에게 주인의식을 심어주기 위해 노력했다. 이런 노력으로 조합원들 마음에는 화선지에 먹물이 스미듯 주인의식이 번져나갔고, 이를 원동력으로 조합은 나날이 비상했다. 그 결과 가야농협은 봉사조합으로 선정되는 기쁨을 누릴 수 있었고, 태동한 지 불과 몇 년 만에 최고의 정점을 향해 지칠 줄 모르고 달려 나갔다.

그러나 나는 이때 뜻밖의 시련에 부딪쳤다. 나는 이 시련을 비껴

가지 못하고 한창 일구어가던 조합을 떠나야만 했다.

사업이 날로 번창하며 거칠 것이 없던 어느 날, 양곡창고에서 일하던 인부 하나가 실수로 떨어지는 사고가 일어났다. 6개월 진단이 나왔던 큰 사고였다. 사고가 나면서 조합은 도의적인 책임을 피할 수가 없었다. 그때만 해도 사고가 나면 외부에 알려지는 것을 극도로 경계했다. 관리감독이라든지 안전수칙 문제라든지 하는 것을 사회적으로 이슈로 삼았던 시절이었기 때문이다.

나는 임직원들과 논의하여 사고 수습부터 했다. 사고가 났으니 사람을 구하는 게 먼저였고, 행정적인 절차는 그 다음이었다. 그러나 고민이 안 될 수는 없었다. 사고가 알려지면 언론부터 들고 일어나 문제를 삼을 게 불을 보듯 뻔했다. 그렇게 되면 단순한 조합의 문제가 아니라 전체 농협의 이미지를 실추시키는 사건으로 비화될 것이었다. 결국 나는 사건을 드러내지 않고 해결할 수밖에 없었다.

나는 이 일이 조합을 떠나야 할 정도로 문제가 되리라고는 전혀 생각지 않았다. 그런데 나의 생각과는 달리 이 문제가 교체감사에서 거론되었다. 사고를 수습하는 절차에서 문제가 있다는 것이었다. 그리고는 나에게 3개월 대기발령 처분을 내렸다.

억울했다. 공금을 유용하거나 착복한 것도 아니고 어쩔 수 없는 사고를 처리하는 과정에서 농협 이미지를 위해 사건을 드러내지 않은 것뿐이었는데 가혹한 처사라는 생각이 들었다.

나는 억울한 마음을 달래기 위해 며칠을 술로 보냈다. 인생에서 가장 빛나는 시기인 20대에 젊음을 바쳐가며 오로지 조합을 위해 밤낮으로 뛴 결과가 이런 거라고 생각하니 허탈했다. 화가 나서 견딜 수가 없었고, 심한 모욕감과 함께 배신감마저 들었다. 그리고 어느 한 순간, 갑자기 만정이 떨어지면서 여기서 그만두자는 생각이 불쑥 고개를 내밀었다.

그때는 정말 내 앞날에 대해 심각하게 고민하지 않을 수 없었다. 무엇을 해야 할지 감이 안 잡혔다. 어떡하든 그 상황에서 벗어나고 싶었다. 나는 어떤 일을 한다 해도 자신이 있었다. 그러면서도 한편으로는 조합을 떠난 나의 모습은 상상할 수 없었다. 그런 나를 잡아준 건 명진 스님이었다.

나는 길상암으로 명진 스님을 찾아갔다. 스님을 찾아갈 때는 이미 마음의 결정을 내린 상태였다. 명진 스님은 저간의 사정을 모두 알고 있었다.

막상 명진 스님을 찾아갔지만 차마 입이 떨어지지 않았다. 명진 스님은 나를 고요히 바라보기만 하셨다.

이윽고 스님이 내 속을 들여다보고 있다는 듯 말씀하셨다.

"세상은 넓다오. 이참에 세상을 돌아보시구려. 새로운 세상이 기다리고 있을 테니."

나는 그저 묵묵히 명진 스님의 말씀만 들었다. 스님은 그 말씀을 끝으로 나의 눈만 조용히 들여다보셨다. 내 억울함을 안다는 듯 다른 세상에서 더 열심히 일을 하여 억울함을 풀라고 하시는 것 같았다.

"스님. 제가 생각이 짧았습니다. 스님의 말씀대로 하지요."

스님을 뵙고 내려오면서 나는 그 시간부터 나를 비웠다. 모든 게 다 내 잘못이고, 남의 탓을 할 필요도 없었다. 나는 나의 길을 가면 되는 것이었다.

처음 농협에 발을 들였을 때 나는 농협이 무언지 몰랐다. 다만 농민을 위한 삶을 살고자 하는 나의 뜻을 펼칠 수 있는 곳이라는 희열 하나로 몸이 부서져라 일했다. 막걸리 한 잔에 마음을 열고 나를 받아들이는 농민들의 순박함 속에서 한평생 농협운동가가 되리라 마음먹었다. 그런데 한 순간의 사고로 이런 마음을 버린다는 것이 참으로 부끄러웠다.

나는 며칠 동안 바깥출입을 하지 않고 나를 돌아보았다. 나는 나의 일신을 위해 일하지 않았다. 출세를 바라거나 명예를 얻으려고도 하지 않았다. 그러나 어느 순간 초심을 잃고 떠날 생각을 했다. 신념과 의지가 이것밖에 안 되다니, 나에 대한 실망감이 크게 밀려왔다.

'새로운 일터에서 또 다른 세상을 만나보자.'

나는 곧 자리를 털고 일어났다. 지금 떠난다고 영영 이별이 아니었다. 언젠가는 돌아오리라 생각했다. 그날을 위해 지금까지 해온 것처럼 앞만 보고 달려가자 생각했다.

내가 바로 우물 안 개구리였구나!

3개월 대기발령 끝에 나는 1984년 가야농협과 이웃하고 있는 묘산농협 참사로 가게 되었다. 겨우내 맹위를 떨치던 차가운 바람이 한 풀 꺾인 2월 중순이었다.

묘산농협으로 첫 출근을 하는 날, 기분이 참으로 묘했다. 늘 내집처럼 다니던 가야농협이 아닌 다른 조합으로 출근을 하고 있다는 게 믿어지지 않았다. 발걸음도 왠지 무거웠고, 새로운 사람들을 만난다는 기대보다는 내 앞에 펼쳐질 시간과 운명이 묵직하게 다가왔다. 기필코 명예 회복을 하리라 단단히 마음은 먹고 있었지만 불명예 퇴진에 대한 심적 부담은 어쩔 수 없었다.

출근을 하고도 마음이 내내 무거웠다. 조합장을 비롯해 직원들과 인사를 나눌 때도, 내 자리에 앉아 업무를 파악할 때도 어딘가 어색하기만 했다. 내가 있어야 할 자리가 아닌 것 같은 마음이 계속 나를 지배했다.

그러나 기분만은 담담했다. 일 또한 늘 해오던 일이라 어려울 것이 없었다. 다만 사람들을 대할 때 나도 모르게 조금은 위축되었던 것 같다. 물론 사람들은 그런 속내를 간파하지 못했을 것이다.

처음 며칠은 그렇게 보냈다. 나는 여전히 예전의 모습을 찾지 못하고 마치 이방인처럼 겉돌았고, 그런 나를 스스로 질책하며 활력을 찾으려고 애썼다.

본래의 나를 찾은 건 세상이 새롭게 들어오면서부터였다. 수도승처럼 며칠을 묵묵히 출근하며 사람들을 만나면서, 새로운 일을 하면서 나는 그 동안 우물 안 개구리였다는 것을 깨달았다. 늘 똑같은 사람들을 만나고 똑같은 일을 하면서도 그 사람과 일들을 통해서 전에는 느껴보지 못한 신선함을 느꼈다.

나는 한 번도 내가 태어난 마을을 벗어난 적이 없었다. 그래서 내 고향 인심과 풍속에 익숙해 있었고, 이는 이웃 마을도 똑같을 거라고 생각했다. 그러나 착각이었다. 가야와 이웃하고 있는 묘산은 우리 마을과는 조금은 다른 문화와 정서를 가지고 있었다. 조합원들의 생각도 분명 달랐다.

이런 것들이 나는 신기하기만 했다. 어떻게 같은 지역에 살고 있는 사람들인데 환경과 정서가 다를 수 있는지 궁금했다. 이렇게 작은 시골 마을도 각기 다른 환경 속에 있는데 이보다 더 큰 도시로 나가면 얼마나 다양한 모습으로 살고 있을까? 그런 생각도 들었다.

그러면서 밀려오는 것은 아쉬움이었다. 나는 한 곳에 너무나도 오래 머물러 있었다. 하나의 세계 속에 갇혀 세상을 보지 못하고 있었다. 명진 스님이 세상은 넓다고 하신 게 이런 거였구나 하는 자각도 들었다.

'나는 왜 한 번도 다른 세상이 있다는 것을 생각지 못했을까? 다른 세상에서 내 꿈을 펼쳐볼 생각을 하지 못했을까?'

그때부터 정말 세상이 다르게 보이기 시작했다. 사람들도 다르게 보였고, 일도 다르게 들어왔다. 정말이지 신천지를 발견한 기분이었다.

'그래, 이제부터 세상 공부를 하자. 새로운 세상에 나아갈 준비를 하자.'

나는 세상에 대해 눈을 떴다는 것에 감사했다.

나는 곧 새로운 목표를 세웠다. 묘산농협을 1등 조합으로 만들자는 것이었다. 단순히 실적으로 평가받는 1등 조합이 아니라 완전히 탈바꿈한 조합, 진정으로 함께 나눌 수 있는 공동체 조합을 만들고 싶었다.

당시 묘산농협은 규모가 가야농협의 절반 수준에 불과했다. 경영이 어려워 사업도 부진을 면치 못하고 있었다. 이런 환경은 나를 더욱 자극했다.

'기필코 새로운 조합으로 거듭나게 하리라!'

나는 먼저 직원들과 격의 없이 어울리며 잃어버린 자신감을 찾아주기 위해 노력했다. 특히 직원들의 이야기라면 하나도 빠짐없이 경청했다. 그들이 조합을 살릴 역군들이므로 사기부터 올려놓아야 했다. 직장문화를 새롭게 만들어야 사업을 제대로 할 수 있었다.

일은 매사 철저한 기획으로 시작했다. 아무리 사소한 일이라도 시작 단계서부터 꼼꼼하게 환경을 분석하고 계획서를 만들어 그 계획에 따라 한 치의 오차도 없이 추진하고 실행했다. 어려운 일은 직원들 모두가 나서서 해결했고, 직원들이 하지 못하거나 할 수 없는 일은 내가 맡아서 반드시 해결하고야 말았다. 한 번 벌인 일은 어떠한 일이 있어도 반드시 완수하고 그 결과를 보고야 만다, 나는 이것을 직원들에게 심어주었다.

나에게는 주말도 휴가도 없었다. 365일을 하루같이 조합을 떠나지 않고 일 속에 파묻혀 살았다. 말은 이렇게 쉽게 하지만 경영이 부실한 조합을 정상궤도에 올려놓는 일은 결코 쉬운 일이 아니다. 나는 어제보다는 오늘 더 잘해야 한다는 마음으로 나 자신과 싸워가며 죽을힘을 다해 일했다.

결과는 만족스러웠다. 참사로 부임한 첫 해 연말 결산에서 조합

설립 이래 최고의 성과를 올렸던 것이다. 거기에 종합업적 1위라는 달콤한 열매도 수확할 수 있었다.

해냈다는 기쁨은 이루 말할 수 없었다. 그때만큼 짜릿한 순간도 없다. 늘 해왔던 자세로 일하면 하지 못할 게 없다는 자신감은 더 생겼다. 이런 자신감은 무기가 되었고, 그 다음 해에도 군 단위평가에서 1위를 했다. 그리고 묘산농협을 떠날 때까지 손익은 신기록 행진을 이어갔다.

묘산농협에서의 2년 반은 값진 시간이었다. 나는 여기서 새로운 세상을 보았고, 새로운 나를 만났다. 묘산농협을 1등 조합으로 만들기 위해 고군분투한 것은 실추된 명예를 회복하기 위해서만은 아니었다. 나는 새로운 나를 만들고 싶었다. 내 앞에 펼쳐질 신천지를 운명에 맡기지 않고 스스로 키를 쥐고 항해하고 싶었다. 그래야만 내 인생의 진정한 승자가 될 수 있다고 믿었다.

촌놈이 분수를 알아야지!

새로운 세상에 눈을 뜬 것은 축복이었다. 여기에 더하여 나는 또 다른 축복까지 받았다. 그 무렵 나는 처음으로 세상에 대한 도전장을 내밀었는데, 이 도전에서 나는 승리했다.

그때 나는 지역을 위해 몸을 바칠 거라면 좀 더 큰 꿈을 가져야 한다고 생각하고 있었다. 가야농협을 벗어나 다른 세상을 보게 되자 어려서부터 품어 왔던 지도자의 꿈을 펼칠 때가 되었다는 생각이 든 것이다. 그런 마음으로 나는 1987년 합천청년회의소(JC) 회장 선거에 출사표를 던졌다. 출마를 결심한 것은 나를 시험해보고 싶어서였다. 청년회의소는 농협과는 판이하게 다른 조직이었다. 지역을 위해 봉사한다는 점은 같지만 구성원과 하는 일부터가 완전히 달랐다.

도전은 큰 매력이었다. 한편으로는 굳이 다른 조직에까지 몸담을 필요가 있느냐는 생각도 했다. 농협운동가로서도 얼마든지 큰일을 할 수 있는데 두 마리 토끼를 잡으려다가 한 마리도 못 잡을 수 있었다. 그럼에도 출마를 한 것은 다른 세계의 조직을 경험해보고 싶은 마음이 컸기 때문이다.

선거는 회원들의 투표로 치렀다. 이 선거가 나에게는 첫 경선이었다. 그런 면에서 이 선거는 내게는 매우 의미 있는 선거다.

어떤 일이든 처음이 중요하다. 첫 단추를 잘 꿰어야 다음 단추도 잘 꿸 수 있다. 나는 기필코 승리하리라 굳은 각오로 임했다.

지금 생각해보면 그때 나는 참 순진했었다. 이런 선거는 말이 경선이지 보통은 추대하는 형식이었다. 힘 있는 실력자가 돌아가면서 하는 것이 관례였다. 그런 관례도 모르고 출마를 했으니 지나가는 소가 웃을 일이었다. 아니나 다를까, 출사표를 던지자 여기저기서 온통 비아냥대는 소리뿐이었다.

"누구라고? 농협 참사? 조합장도 아니고 참사? 청년회의소를 뭘로 보는 거야?"

"촌놈이 분수를 알아야지, 어디서 감히 출마 운운이야?"

"허, 이거 어쩌다가 월급쟁이 농협 직원이 회장 자리를 넘보게 되었나? 보아하니 세상 물정을 모르나본데 이번에 아주 세상이 얼마나 무서운지 따끔하게 보여주자구."

나도 사람인지라 그런 소리를 들을 때면 화가 나다 못해 분하기까지 했다. 그때마다 나는 '오냐, 나야말로 뜨거운 맛을 보여주마!' 하고 결의를 굳게 다졌다.

출마는 그 자체로 쉽지 않았다. 회원들은 농협 직원이 회장에 출마하는 것부터 위상을 떨어뜨리는 일이라며 강하게 반발했다. 일부는 나를 찾아와 단념하라고 회유를 하기도 했다. 그럴수록 나는 오기가 생겼다.

선거는 마음과는 달리 역부족이었다. 읍을 중심으로 하여 넉넉한 집안의 자제들이 호기롭게 활동을 하는 데 반해 나는 아무것도 내세울 것 없는 초라한 신세였다. 나처럼 평범한 직장에 다니는 월급쟁이도 별로 없었고, 그렇다고 내가 지역 유지나 유명인도 아니어서 인지도 또한 바닥이었다. 모두가 느닷없이 튀어나온 나에 대한 호기심만 있을 뿐 내 말을 들어주거나 지지하는 사람은 없었다. 이미 승부가 난 게임이었다.

그러나 나는 홀로 비장했다. 세상에 처음 나와서 치르는 선거에 떨어진다면 앞으로 내 뜻을 펼칠 수 없다는 배수진을 치고 우군이라고는 하나도 없는 전쟁터에서 죽기 살기로 싸웠다.

나는 그 누구보다 회장으로서의 임무와 책임을 다하며 잘 해낼 자신이 있었다. 충심으로 회원들을 결속하여 지역 발전을 위해 헌신할 준비가 되어 있었다. 이런 나의 진정성을 보인다면 반드시 지지를 얻을 거라고 믿었다.

"닭의 목을 비틀어도 새벽은 온다!"

선거 기간 내내 외쳤던 말이다. 시대는 변화하고 있고, 그 시대를 거스르지 않아야 한다는 뜻이었다. 나는 미래를 위해 이제는 청년회의소가 새롭게 변해야 한다고 역설했다. 청년회의소가 단순한 지역경제인 모임을 탈피하여 과감하게 거듭나야 하고, 봉사하는 단체에 걸맞게 지역의 잠재력과 역량을 개발해야 하며, 이 사회에 어떻게 봉사하는 것이 참다운 봉사인지 진지하게 성찰할 때라고 목이 터져라 외쳤다.

선거 기간은 1주일이었다. 내 생애 가장 어려운 선거를 꼽으라면 나는 주저 없이 이 선거를 꼽는다. 그만큼 힘들었다. 내가 아무리 진정한 마음으로 지역을 위해 일해야 한다고 외쳐도 그들은 꿈쩍도 하지 않았다. 오히려 빈정거리기 바빴다. 일부에서는 촌놈이 봉사는 무슨 봉사냐며 다니고 있는 직장이나 열심히 출근하라고 독설을 퍼부었다.

나는 지역을 위해 봉사하는데 촌놈이 따로 있느냐며 응수했다. 그리고 차별화한 전략으로 그들에게 다가갔다. 청년회의소의 발전을 실질적으로 이룰 수 있는 복안을 만들어 제시했고, 전에는 보지 못한 선거공약을 들고 나섰다. 그러자 색다른 시선으로 보는 사람들이 하나둘 늘어나기 시작했다.

그렇다고 결과가 희망으로 돌아설 리 없었다. 1주일 동안 밤낮없이 뛰어다니며 마음을 열어 보였지만 판세는 비관적이었다. 세력도 없고 지지층도 없는 불리한 환경에서 나에게 과연 몇 사람이나 표를 줄지 망신만 당하지 않으면 다행이었다.

마침내 투표 당일, 나는 투표를 마치고 초조한 마음으로 개표 과정을 지켜보았다. 1분 1초가 어찌 그리 더디 가던지, 시간이 그렇게 느려터진 줄은 미처 몰랐다.

개표는 순조롭게 진행되었다. 그런데 이상한 분위기가 감지되기 시작했다. 여기저기서 술렁이기 시작하면서 초조하게 결과를 기다리는 나에게 시선이 쏟아지는 것이었다. 그렇다. 놀랍게도, 당선이었다. 그것도 단 두 표 차이였다.

내 이름이 당선자로 호명되는 순간, 나는 속에서부터 뜨겁게 솟구치고 올라오는 눈물을 기를 쓰고 참았다. 선거 기간 내내 당했던 수모와 멸시를 갚기 위해서라도 당당하게 나서고 싶었다.

사회적인 위상이라고는 보잘것없는 농협 직원이 청년회의소 회장에 당선되었다는 것은 그야말로 상상을 초월하는 일이었다. 그 길을 내가 만들었다고 생각하니 한없이 벅찼다. 나와 같은 처지의 사람도 청년회의소 회장에 나서서 당선될 수 있다는 것을 보여준 내가 너무나도 자랑스러웠다.

처음 회장에 출마할 때만 해도 회원들은 모두 나를 잡아먹기에 바빴다. 심심하던 차에 맛있는 안주감 하나 나왔다고 좋아했을 것이다. 누구 하나 나의 편을 들어주지 않았고, 낙선되어 처참하게 고개를 숙인 모습을 보고 싶었으리라.

그러나 결과는 나의 승리였다. 회원들은 비록 나를 지지한다고 나서지는 않았지만 나의 진정한 마음을 소리 없이 지켜보고 있었다. 그들의 눈과 귀는 열려 있었다. 내가 어떤 말을 하는지 모두 듣고 있었고, 내가 어떤 마음을 보이는지 두 눈으로 보고 있었다. 나는 그것이 기뻤다.

나는 선거운동을 하면서 절망적인 상황에 수없이 낙담했었다. 누구 하나 나를 보지 않는다는 절망감은 스스로 지치게 했다. 그러나 사람들은 나를 똑똑히 보고 있었다. 선거가 무서운 것은 바로 이 때문이다.

그 동안 나는 모두 열두 번의 선거에 나섰다. 그 많은 선거를 치루면서 나는 내 나름대로의 선거철학과 원칙을 한 번도 어겨본 적이 없다고 자부한다. 나의 선거철학이란 다름 아니다. 진인사대천명(盡人事待天命), 내가 할 수 있는 일을 다 하고 나서 천명을 기다리는 것, 나의 원칙이다.

이 원칙과 철학은 합천청년회의소 선거를 통해 배웠다. 아무도 내 편이 없는 가운데 치러진 선거에서 승리할 수 있었던 것은 진인사대천명의 자세로 선거에 임했기 때문이다.

　유권자들은 말이 없다. 그러나 아무런 표현은 하지 않지만 그들은 두 눈 똑바로 뜨고 지켜보고 있다. 유권자들은 결코 허울에 속지 않는다. 그러므로 필승의 전략은 오직 진정한 나를 보이는 것뿐이다.

제2의 고향 율곡

1988년은 몸이 둘이라도 모자랄 정도로 바쁜 해였다. 새해를 시작하는 정월 초하루에는 합천청년회의소 회장으로 취임하여 본격적으로 일을 하기 시작했고, 같은 날 합천군 군정자문위원으로도 위촉이 되었다. 또 1986년 3월에 자리를 옮긴 율곡농협에서 새로운 조합을 건설하기 위해 모든 걸 바치고 있던 때였다.

그때는 정말 하루 24시간이 어떻게 흘러갔는지 모른 채 하루하루를 보냈다. 날마다 헤쳐 나가야 할 일들로 늦은 밤 파김치가 되어 집으로 들어오는 날이 부지기수였다. 지금 생각해보면 어지간히 체력이 좋았었나보다. 정신적으로 육체적으로 고된 나날들을 병치레 한 번 없이 견디며 일을 했으니 말이다.

합천청년회의소 회장 임기는 1년이었다. 그 1년 동안 매순간이 보람찼다. 농협인으로 농민을 위해 일하는 것과는 또 다른 기쁨이 었다. 나는 그 짧은 시간 많은 일을 해냈다고 자부한다. 특히나 그 해는 서울올림픽이 열렸던 해라 그 어느 때보다도 할 일이 많았다.

지역사회를 위하는 일은 아무리 작은 일이라도 흥겹다. 무엇보다 나는 농협의 위상을 높였다는 데 무한한 긍지를 가지고 있다. 그 때까지만 해도 농협은 사회적으로 위상이 매우 약해서 지역에서 행사를 하면 홀대받기 일쑤였다. 그런데 농협 참사인 내가 청년회의소 회장으로 있으니 자연적으로 농협을 보는 시각부터 변하기 시작했다. 농협이 시골의 작은 금융기관이라는 고정관념을 깨고 농민을 위한 반려자라는 인식을 심어준 것은 큰 성과라고 생각한다.

나는 회장직을 수행하면서 나의 일거수일투족이 곧 농협인의 모습으로 비친다는 생각에 흐트러진 모습을 한 번도 보이지 않았다. 더불어 율곡농협 일도 더 열심히 했다. 그 결과 나는 과분하게도 '해결사'란 별명까지 얻었다.

율곡농협은 상황이 매우 어수선했었다. 대형사고가 끊이지 않고 터져 나왔기 때문인데, 구매업무를 담당하던 기능직 직원 하나가 잊을 만하면 하나씩 터뜨리는 사고 때문에 골머리를 앓고 있었다. 오죽하면 군지부장이 나에게 전출명령을 내리면서 율곡에 가면 상황부터 잘 정리하라고 신신당부를 했을까.

부임 첫 날, 나는 경악을 금치 못했다. 출근을 해보니 여기가 조합 사무소인지 시장 바닥인지 분간을 할 수 없었다. 사무소는 마치 잡동사니를 쌓아놓은 창고 같았다. 여기저기 아무렇게나 널려 있는 담배꽁초에 페인트칠이 벗겨진 벽면은 누더기나 다름없었고, 형광등을 얼마나 갈지 않고 방치했는지 조명이 침침해 도무지 업무를 보는 사무소라는 느낌이 들지 않았다. 그래도 시골에서는 농협이 중요한 금융기관인데, 도저히 눈을 뜨고 볼 수 없는 환경이었다. 대체 어느 누가 이런 데를 이용하나 하는 생각마저 들었다.

조합 운영도 엉망이었다. 누가 직원이고 조합원인지 알 수 없을 정도로 위계질서가 없었고, 이사회도 체계적인 의사진행 없이 사랑방에서 노닥거리는 수준이었다. 직원회의는 더 말할 것도 없었다. 한마디로 질서와 체계라고는 찾아볼 수 없는 무질서 그 자체였다.

조합을 일신하려면 분위기부터 혁신해야 했다. 나는 환경을 개선하는 작업부터 손을 댔다. 먼저 건물과 시설에 대한 리모델링에 들어갔다. 벽면을 깨끗이 청소한 다음 페인트칠을 다시 하고 바닥에는 타일을 깔았다. 형광등을 모두 교체하여 분위기를 밝게 하였고, 사무소에서 지켜야 할 기초질서 수칙을 만들어 시행했다. 그렇게 사무소를 단장하고 나니 그제야 금융기관다운 모습이 조금씩 나왔다.

나는 무질서한 행위는 절대 용납하지 않았다. 조합 운영 역시 체계적으로 정비하기 시작했고, 이사회를 위시해 직원회의 등 각종 회의와 업무를 아예 처음부터 틀을 짠다고 생각하고 전면적으로 바꾸어 나갔다. 그러자 차츰 질서가 잡혀가기 시작했다. 체계와 제도도 기틀이 잡혀갔고, 일하는 분위기도 나날이 좋아져 갔다.

그런 가운데 나는 조합을 곤경에 빠뜨린 사고를 수습해 나갔다. 나는 사고를 낸 당사자인 직원과 가족들, 사고로 인해 피해를 본 사람들을 차례로 만났다. 생각지도 않은 피해를 입은 조합원들은 몹시 흥분해 있었다. 나는 그들을 찾아가 사랑방 좌담회를 마련했다. 그리고 최대한 피해가 없도록 사고를 해결하겠다고 약속하고는 조합에 등을 돌리지 말 것을 호소했다. 하루 이틀도 아니고 틈만 나면 찾아가 조합원들을 설득하는 일은 쉽지 않았다. 조합의 입장을 설명하고 그들의 성난 마음을 돌리느라 시간도 잊은 채 토론을 하느라 몸살을 앓을 지경이었다.

다행히도 사고는 원만하게 수습되었다. 조합의 부담을 최소한으로 줄이며 조합원들도 수긍할 만한 선에서 마무리를 할 수 있었다. 사고를 낸 직원도 형사처벌을 면하도록 조치할 수 있었는데, 그만큼 큰 사건이었다.

조합을 궁지로 몰았던 사고를 해결하면서 나는 더욱 조합 운영에 박차를 가했다. 그 결과 연말 결산에서 군내 조합 1등을 차지하면서 율곡농협 설립 이래 가장 많은 손익을 낼 수 있었고, 그 이익은 모두 조합원들에게 돌려주었다. 해결사란 별명은 이때 얻었다. 나에게는 과분한 별명이었지만 솔직히 기분은 좋았다.

율곡농협에서는 잊지 못할 일들이 참 많다. 그 중 '우산시위'는 아직도 생생하다.

그 무렵 우리 지역은 취락구조개선사업이 한창이었다. 이 사업으로 농민들은 낡은 집을 개선하고 새로운 집을 많이 지었다. 그리고 소득을 올리기 위해 도입육우를 입식해 키웠다.

이 사업은 결과적으로 실패로 끝났다. 소 값이 폭락하면서 농민들이 조합에서 대출해간 원금은커녕 이자도 못 값을 정도로 농가부채가 심각한 지경에 처하고 말았기 때문이다. 사업 실패는 조합 운영에 큰 타격이었다. 그렇다고 어찌 할 방법이 없었고, 아무런 대책도 없이 손을 놓고 있다가는 조합이 위기에 빠질 수도 있었다.

그러던 어느 날, 나는 결단을 내렸다. 일을 벌여놓기만 하고 수습은 뒷전인 행정기관에 우리의 사정을 알리기 위해 거리로 나서기로 한 것이다. 고민 끝에 내린 결정이었다.

그날은 비가 내렸다. 나는 기본적인 업무를 볼 최소한의 직원만 남겨두고 나머지 직원을 모두 동원하여 우산시위에 나섰다. 말이 시위였지 사실은 우산을 쓰고 농가를 돈 게 전부였다.

농가부채는 무차별로 자금을 지원한 것이 발단이었다. 자금을 회수할 계획을 세워놓고 지원을 해야 하는데 성과에 급급한 나머지 무차별로 지원을 했고, 그러다 보니 부채만 쌓여 갔다. 또 농가주택을 짓고 도입육우를 입식해 그것을 잘 키워 수익을 내야 하는데, 주먹구구식 행정으로 앞을 보지 못한 채 사업을 펼친 결과 실패하고 말았다. 결국 정부에서 시키는 대로 한 죄밖에 없는 농민들은 하루아침에 빚더미에 올라앉았고, 그 피해는 고스란히 조합으로 돌아왔다.

나는 정책이 잘못돼도 한참 잘못됐다고 생각했다. 그런데 정책적으로 잘못된 지원을 한 행정기관이 수수방관하고 있으니 정말이지 미칠 노릇이었다. 우산을 쓰고 묵언 시위에 나선 것은 이 때문이었다. 말하자면 우산시위는 지역을 총체적인 위기로 몰고 간 행정기관이 책임을 지라는 것이었고, 앞으로는 농민을 죽이는 잘못된 정책은 절대로 펴지 말라는 호소였다.

직원들과 함께 마을을 돌며 차례로 농가를 다니면서 호별방문했던 이 시위는 효과가 있었다. 그날 첩보를 입수한 경찰에서 나와서 우리를 주시하고 있었는데, 행정기관에도 전해졌는지 얼마 후 농가부채경감대책이 발표되었다.

물론 우리가 벌인 시위로 인해 대책이 나온 것은 아닐 것이다. 그러나 나는 이런 시위 말고도 행정기관에 정부 차원의 대책이 있어야 한다고 여러 차례 주장을 했었다. 정부 정책만 믿고 따른 농민들이 무슨 죄가 있으며, 정책이 실패하면 당연히 정부에서 책임을 져야 하는데 농민들이 죽을 때까지 납득할 만한 조치를 하지 않으니 목소리를 높일 수밖에 다른 방법이 없었다.

율곡농협에서는 기쁜 일도 적지 않았다. 그 중 하나는 부실 조합을 일으켜 세우며 해결사란 별명까지 얻게 되자 나를 믿고 거래를 하는 고객들이 생겨난 것이다. 그분들은 내가 전출을 가면 내가 있는 조합으로 따라와 거래를 했다. 이런 분들이 적지 않았는데, 내게는 천군만마보다 더 큰 힘이 되어 주었다. 특히 조합이 어려울 때는 내 사정을 훤히 안다는 듯 적금이며 공제를 들어주는 등 소리 없이 나를 후원했다. 그 고마움은 지금도 잊을 수 없다.

율곡은 순박하고 정이 깊은 지역이다. 나는 율곡농협이 가장 어려울 때 근무를 했다. 그 어려움은 마음 깊은 농심(農心) 때문에 극복할 수 있었다. 특히 율곡농협에서 일을 할 때 나에게는 신적인 존재나 다름없는 아버지가 돌아가셨는데, 아버지를 잃은 상실감을 나는 율곡에서 치유했다.

나는 때때로 가슴이 허하거나 일이 잘 안 풀리면 율곡을 찾는다. 내가 일하며 다녔던 길과 마을, 사람들을 보며 옛 기억을 더듬으며 위안을 받는다. 그래서 율곡은 내 마음의 고향이다.

하늘이 내리신 사명

묘산농협과 율곡농협을 거쳐 나는 1989년 2월 야로농협 참사로 자리를 옮겼다. 야로농협은 율곡농협보다는 형편이 나은 편이었다. 그러나 야로농협도 미숙한 운영으로 살림이 매우 안 좋은 상태였다. 야로는 처가가 있는 지역이라서 나는 특별한 애착을 가지고 있었다. 이 때문에 나는 조합의 역사를 새롭게 쓰리라는 의지로 여기서도 혼신의 노력을 다했다.

야로농협의 문제는 지역민들의 불신이었다. 조합에서 약속한 사업들이 제대로 추진되지 않아 조합원들이 등을 돌리고 있었다.

나는 조합원들의 불신부터 해소해 나갔다. 한다면 한다, 약속은 반드시 지킨다, 이것부터 보여주었다. 어떤 일이건 계획하면 반드시 지킨다는 것을 보여주기 위해 노력했고, 직원들이 책임 있는 자세로 일하는 풍토를 만들기 위해 독려했다. 그 결과 야로에서도 연말 결산에서 종합업적 1위에 오를 수 있었다.

이런 성과와는 달리 그 무렵 나는 마음이 늘 무거웠다. 일을 해도 즐거움 한 구석에는 언제나 어두운 기운이 웅크리고 있었다. 내 마음의 고향인 가야농협 때문이었다.

내가 묘산과 율곡, 야로를 거치면서 승승장구할 때 가야농협은 진흙탕에 빠져 있었다. 내가 있을 때까지만 해도 해마다 가파른 성장을 하던 조합은 잇따른 경영 부실로 고전을 면치 못하다가 급기야는 하향곡선을 그리며 곤두박질쳤다. 사업량도 급격히 줄어들었고, 수익이 없어 사업 또한 지지부진하여 침체일로를 걸었다.

조합이 부실의 늪에 빠진 건 경영 실패가 원인이었다. 살림은 풍비박산이 나고 있는데 누구 하나 조합을 재건하려는 생각은 하지 않고 자리에만 눈이 멀어 서로가 조합장을 하겠다고 싸우고 있으니 경영이 제대로 이루어질 리 없었다. 그들은 조합원들과 지역민은 안중에도 없이 오직 명예와 권력을 위해 투서와 진정 등 서로를 물어뜯기에 몰두했고, 직원들도 갈피를 못 잡고 눈치 보기에 급급했다.

조합장을 비롯해 직원들까지 상하를 가리지 않고 손에서 일을 놓고 있었다 해도 과언이 아니었다. 중앙회 감사도 끊이지 않았고, 이는 그나마 마음을 잡고 일하는 직원들의 사기까지 뚝 떨어뜨렸다.

직원들은 출근과 동시에 삼삼오오 모여서 수군거리다가 퇴근하기 일쑤였고, 신분 보장도 안 되는 처지에 놓이면 어쩌나 하는 불안감으로 다른 길을 찾기에 바빴다.

이런 조합을 지역민과 조합원들이 그냥 보아줄 리 없었다. 조합에 들르면 허구한 날 싸우는 모습에 지역민들은 등을 돌렸고, 사태가 걷잡을 수 없이 심각한 지경으로 치닫자 너나 할 것 없이 예금을 인출해 우체국과 인근의 조합으로 옮기는 등 그 동안 쌓아왔던 믿음은 바닥으로 추락했다. 차곡차곡 쌓인 불신은 악의적인 소문만 무성하게 생산했고, 급기야는 부도설까지 파다하게 퍼졌다.

집구석이 안 되면 만날 싸우고 집안이 깨진다고, 벼랑 끝에 내몰린 조합을 보면서 나는 가슴이 찢어졌다. 청춘을 바쳐가며 일한 직장을 떠나 지역민의 한 사람으로서 차마 눈 뜨고는 볼 수 없을 정도로 무너지고 있는 조합을 보는 내 마음은 참담했다.

날개 잃은 새처럼 수직으로 추락하는 조합을 보면서도 나는 아무런 힘을 쓸 수 없었다. 나는 이미 다른 조합에 근무하는 사람이었다. 마음 같아서는 당장에라도 뛰어들어 상황을 정리하고 다시 일으켜 세우고 싶었지만 방법이 없었다.

그렇게 우울한 나날을 보내고 있던 어느 날, 귀가 번쩍 뜨이는 소식이 날아들었다. 농협법이 개정된다는 소식이었다. 그때까지 조합장 선거는 간선제였다. 그런데 농협법이 바뀌면서 조합장을 직선제로 선출한다는 것이었다.

'하늘이 내게 또 다른 사명을 주시는구나!'

농협법 개정은 한 줄기 희망의 빛이었다. 답답한 마음을 안고 사는 나를 위해 마치 하늘에서 내려준 선물 같았다. 꼭 나를 위해 개정된 것만 같았고, 조합을 회생시키라는 명령 같았다.

나는 소식을 듣자마자 출마를 결심했다. 조합을 살릴 사람은 나밖에 없다고 나는 감히 생각했다. 고향인 가야농협을 떠나 묘산과 율곡, 야로를 거치면서 나는 다 쓰러져가는 조합들을 살려놓았다. 그 어디보다 단단한 기틀을 세우며 지역민들의 지지와 성원을 이끌어냈다. 아무리 파산 직전의 조합이라도 나라면 할 수 있었다. 또 나처럼 이론과 실전을 겸비한 사람도 없다고 자신했다.

나는 조합원들이 흘린 땀방울로 이룩한 조합을 기사회생시켜 지역민들이 행복하게 살 수만 있다면 기꺼이 몸을 바쳐야 한다고 생각했다. 지역민과 고락을 함께 하는 것, 바로 내가 할 일이었다.

나는 조합장 출마 결심을 아내에게 밝혔다. 뜻밖에도 아내는 반대하고 나섰다. 지금껏 한 번도 내 앞을 가로막지 않았던 아내의 반대는 전혀 예상하지 못한 일이었다. 아내뿐만이 아니었다. 주변에서도 헛일이라며 신중하게 판단을 하라는 말들만 들어왔다.

"회생 불가능한 조합을 어떻게 일으켜 세운다는 건가? 아무리 자네라지만 이건 무모한 것 같네. 그러니 생각을 바꾸게나."

나를 걱정하는 사람들의 마음은 알고도 남았다. 그만큼 조합은 수렁에 빠져 있었고, 일어설 수 없다고 모두들 포기하고 있었다.

"실패한다 해도 나는 하고야 말겠네. 내 고향 조합을 우리가 살려야지 이렇게 보고만 있을 수는 없네. 나는 자신이 있네. 우리 조합원들을 믿는단 말일세."

내가 믿을 수 있는 것은 조합원들뿐이었다. 조합을 설립할 때부터 우리는 하나가 되어 1등 조합을 만들었다. 그 저력을 나는 굳게 믿었다. 그 믿음만 있으면 못 할 게 없었다.

나는 주변의 걱정과 시선은 돌아보지 않기로 했다. 오직 조합을 살리는 것만 생각하기로 했다.

"여러분! 위기는 또 다른 기회라고 했습니다. 그런데 이 기회는 두 번 다시 오지 않습니다. 기회를 잘 살리면 흥할 것이요, 살리지 못하면 망할 것입니다. 여러분은 어떤 선택을 하시겠습니까?

저 최덕규는 이 기회를 흥하는 기회로 만들겠습니다. 우리 조합은 제 마음의 고향이자 분신입니다. 뜻이 있으면 마침내 이루어진다고 하였습니다. 저는 조합을 살리려는 뜨거운 열망을 품고 있습니다. 그 열망을 여러분들과 함께 펼치면서 산산이 부서진 조합을 기필코 일으켜 세우겠습니다!"

나는 조합원들에게 그렇게 호소했다. 함께 일어나자고 간곡히 마음을 열고 다가갔다.

그러나 선거운동은 하지 않았다. 나는 선거가 공명하게 이루어져야 한다는 생각에 상대 후보자에게 선거운동 기간에 운동을 하지 말고 지역을 떠나 있다가 투표 당일 돌아오자고 했다. 이런 제의를 한 것은 조합의 운명을 오로지 조합원들의 순수한 판단에 맡기자는 뜻에서였다.

다행히 상대 후보자는 나의 제안을 받아들였다. 상대는 지역에서 많은 존경을 받는 분이었다. 농협 임원으로 큰 역할을 하셨는가 하면, 학식과 덕망도 높았다. 우리는 곧 일체 연락을 끊고 동반으로 여행을 떠났다. 제주도를 시작으로 설악산과 서울을 거쳐 투표 당일 마을로 돌아오기로 한 것이다.

선거 기간 동안 마을을 떠나 여행을 하면서 나는 기도하고 또 기도했다. 나의 마음을 조합원들이 꼭 알아주기를 바랐다. 내심 불안하기도 하고 초조하기도 했다. 그러나 나는 믿었다. 누구 하나 입을 열지 않아도 눈으로는 다 보고 있고 귀로는 다 듣고 있다는 것을. 마음으로 나를 지지하고 있다는 것을.

결과는 나의 승리였다. 투표는 천여 명의 조합원들이 참여했다. 그리고 나는 조합원들의 부름을 받아 제7대 조합장으로 당선되었다. 1990년 3월 13일이었다. 다음 날 나는 민선 1기 조합장으로 가야농협에 다시 발을 들여놓았다. 그때 나이 만 39세였고, 도내 최연소 조합장이었다.

제3장

희망의 꽃을 피우다

인생을 걸고 명령에 답하리라

조합원들이 나를 선택한 이유는 하나였다. 최덕규라면 조합을 망칠 놈이 아니라는 것이었다. 나는 연륜보다는 젊음을 선택한 조합원들의 뜻을 읽을 수 있었다. 조합원들은 절체절명의 위기에 놓인 조합을 변화와 개혁으로 거듭나기를 바라고 있었다. 그것은 명령이었다. 그 명령에 답하기 위해 나는 내 인생 전부를 걸기로 했다.

조합장으로 취임한 나는 무엇보다 잃어버린 신뢰를 회복하는 데에 중점을 두었다. 흐트러진 조직문화를 바로잡고, 인화단결로 직원들의 사기를 진작시키는 것도 시급한 과제였다.

"우리는 파산 직전의 배에 승선해 있는 승무원입니다. 이 배는 우리가 어떻게 하느냐에 따라 침몰할 수도 있고, 회생할 수도 있습니다. 우리가 바라는 목적지는 멀지 않습니다. 그 목적지까지 우리는 승객인 조합원들을 안전하게 모시고 갈 의무와 책임이 있습니다.

나는 선장으로서 침몰 직전의 배를 대대적으로 수리할 것입니다. 뜯어고칠 것은 과감히 고치고 버릴 것은 버리는 작업과 함께 세상에서 가장 안전한 배로 만들 것입니다.

이제부터 여러분은 어떠한 일이 있어도 선장인 나를 믿고 따라야 합니다. 선장이 아무리 열심히 해도 승무원이 외면하면 배는 바다 속으로 가라앉고 맙니다.

여러분, 우리의 책임과 사명을 늘 가슴에 새깁시다. 뜨거운 가슴으로 우리의 임무를 묵묵히 수행합시다. 그러면 반드시 목적지에 당도할 수 있습니다. 그 목적지에서 우리의 승객인 조합원들이 여러분들의 손을 따뜻하게 잡아줄 것입니다."

취임일성으로 나는 우리가 살기 위해서는 하나가 되어야 한다고 역설했다. 그리고 분위기를 일신하기 위해 사무소 환경부터 대대적으로 정비해 나갔다.

다시 돌아온 조합은 그야말로 초상집 같았다. 여기저기 스산한 거미줄과 켜켜이 쌓인 먼지들, 시커멓고 누렇게 탈색한 형광등, 기괴한 분위기마저 연출하고 있는 사무소는 보는 마음을 어지럽게 했다. 게다가 연쇄점이 반이나 차지하고 있어 이게 정말 조합인지 동네 구멍가게인지 분간이 안 갔다. 사람만 없으면 을씨년스러운 폐가 같았다.

나는 계획서부터 작성했다. 환경미화를 하더라도 체계적으로 정리하여 계획적인 작업을 하자는 생각이었다. 눈에 보이지 않는 곳까지 하나하나 머릿속에 그려가면서 조합을 새롭게 단장하기 위해 꼼꼼하게 계획을 세웠다.

시작은 사무소 환경개선부터 했다. 벽면 칠부터 시작하여 조금이라도 거슬리는 것이 있으면 완전히 갈아엎는다는 계획으로 하나도 남김없이 바꾸어 나갔다. 사무소 안에 들어와 있던 연쇄점도 가건물을 만들어 밖으로 빼냈다. 연쇄점을 밖으로 옮기자 탁 트인 공간이 확보되면서 비로소 조합다운 모습이 나타났다. 단장을 마칠 때는 사람들이 편안하게 드나들 수 있는 공간으로 재탄생되었다.

다음은 사무소 건물 외벽 공사를 시작했다. 외벽을 이루고 있는 타일이 여러 군데 떨어져 나간 채 방치돼 있어 흉측하기 그지없었는데, 이를 모두 제거하고 새롭게 꾸몄다. 그런데 이 과정에서 생각지도 않은 비난이 날아왔다. 당장 부도가 날 판인 조합을 살릴 생각은 안 하고 엉뚱하게 돈만 쓰면서 멀쩡한 건물을 때려 부수고 있다는 것이었다.

비난을 퍼부은 사람들은 대부분 나를 견제하는 사람들이었다.

그들은 조합장 출마 때부터 나를 잡지 못해 안달이었다. 젊은 놈이 자신들과 동급의 위치에 오르는 걸 용납하지 않겠다는 이유로 사사건건 트집을 잡았던 것인데, 환경미화까지도 조합을 말아먹고 있다면서 악의적인 헛소문을 퍼뜨리고 다녔다.

나는 추호도 흔들리지 않았다. 그들의 비난은 나에 대한 질투와 시기라는 것을 나는 잘 알고 있었다. 그런 것쯤은 이미 각오한 바였고, 그 어떤 음모와 장애물도 초연하게 대처하리라 마음먹고 있었다.

만약 내가 흔들렸다면 아마도 조합은 영영 일어서지 못했을 것이다. 나를 적대시하는 세력은 어차피 반대를 위한 반대를 일삼는 사람들이었다. 그들을 내가 상대할 이유가 없었다. 나는 오직 주어진 사명대로 나의 길만 똑바로 보고 앞으로 나아갈 뿐이었다.

환경 개선을 강력하게 추진한 나는 복무기강 바로잡기에 나섰다. 오래전부터 실종된 관리 감독으로 직원들의 업무 자세와 태도는 극도로 해이해 있었다. 조합원들이 방문해도 누구 하나 따뜻하게 맞아주는 사람이 없었고, 고압적인 분위기 속에서 상전처럼 행세했다. 또 틈만 나면 구실을 만들어 밖으로 나돌기 바빴다.

나는 직원들의 기강을 바로잡기 위해 취임 첫 날부터 출근도 가장 일찍 하고 퇴근도 가장 늦게 했다. 근무가 태만한 직원들은 신상필벌의 원칙으로 다스렸고, 바닥에 휴지라도 하나 떨어져 있으면 내가 먼저 주워가며 청소를 했다. 조합에 오는 사람들은 아무리 나이가 어려도 깍듯하게 인사를 했고, 어르신들은 일일이 손을 잡고 안내를 하며 극진하게 모셨다.

그렇다고 무조건 규율만을 강요하지는 않았다. 직원들을 품기 위해 지위를 떠나 자주 어울리며 따뜻한 말 한마디 잊지 않았고, 밥 한 끼라도 서로 나누고 챙기며 우리는 가족이라는 의식을 심어주었다. 회식도 자주 가지면서 나 역시 조합장이 아닌 한 사람의 구성원이라는 것을 보여주었다. 그러자 직원들의 마음이 서서히 열리기 시작했다.

농민의 천국을 만들고 싶습니다

조합의 분위기를 쇄신하며 나는 등을 돌린 조합원들의 마음을 잡기 위해 나섰다.

나는 취임과 함께 조합장실의 문을 뜯어냈다. 나만의 집무실이 아닌 열린 공간으로 만들기 위해 조합장실을 개방한 것이다.

조합장은 머슴이다. 조합원들의 심부름꾼이며, 지역민들인 농민의 벗이다. 머슴이 심부름을 잘하기 위해서는 주인인 조합원들의 말씀을 잘 듣고 따라야 한다. 주인의 명령을 헤아리고 그 명령을 어떻게 실천하고 있는지 보여주어야 한다.

주인의 기쁨은 곧 머슴의 기쁨이다. 반대로 주인의 슬픔은 머슴의 슬픔이다. 그러므로 머슴은 주인을 누구보다 잘 알아야 하고, 그러기 위해서는 늘 가까이에서 주인을 만나야 한다.

나는 주인의 말씀을 듣기 위해 나부터 열려 있어야 한다고 생각했다. 닫혀 있는 공간에서 책상에 앉아 아무리 계획을 세우고 머리를 쓴다 해도 직접 만나서 이야기를 나누며 벗하는 것을 따라갈 수 없다. 조합장실이 현장이 되어 조합원들을 만나야만 사업 구상도할 수 있고 조합이 살 수 있다.

나는 단순히 문만 열어놓지 않았다. 가만히 앉아서 조합원들이들어오기만을 바란다면 문을 열어놓으나 마나다. 나는 조합원들이방문하면 반갑게 나가서 안으로 모시고 들어왔다. 아무리 간단한일을 보기 위해 오셔도 꼭 모시고 들어와 차를 대접하면서 이야기를 들었다. 궂은 일이 있으면 내가 직접 나섰고, 필요한 일이 있으면심부름을 마다하지 않았다. 그렇게 노력한 결과 조합장실은 누구라도 드나들 수 있는 사랑방이 되었다. 내가 자리를 비우고 없어도 자유롭게 쉬어 가는 쉼터로 변했다.

조합장실 개방은 지금도 계속하고 있다. 이를 통해 나는 조합원들의 이야기를 듣는다. 그 이야기들은 대부분 사업으로 연결이 되고, 조합원들의 의견을 반영한 사업은 한 번도 실패한 적이 없다.

조합장실을 소통의 공간으로 만든 나는 조합의 운영과 살림을 알리기 위해 마을을 돌았다. 처음에는 욕도 많이 먹었다. 그 동안 쌓였던 불신의 벽은 상상을 초월했다.

"조합장, 거 다들 조합장만 되면 조합을 민주적으로 운영하겠다 투명하게 운영하겠다 말은 참 번지르르한데, 우리가 어디 한두 번 속은 줄 아시오?"

"괜히 마을을 돌면서 시간 낭비하지 말고 가서 일이나 열심히 하시오. 우리가 뭐 바보인 줄 아나? 다 지켜보고 있으니까 실적으로 보여주시오. 우리가 원하는 게 무언지 잘 알잖소. 말로만 소득 증대니 뭐니 떠들지 말고 실제로 와 닿게 하란 말이오."

조합원들의 분노는 헤아리고도 남았다. 내가 없는 세월 동안 조합이 추락에 추락을 거듭하며 살림이 거덜 날 지경에까지 처했으니 손사래부터 치는 것은 당연했다.

나는 포기하지 않았다. 매년 가결산을 할 때마다 한 달 동안은 관내의 마을을 돌면서 조합이 어떻게 운영되고 있으며, 어떤 사업을 하여 수익을 내고 있는지 상세하게 설명했다.

"조합의 주인은 어르신들입니다. 어르신들이 조합을 이용하지 않고 불신만 하시면 우리는 다 같이 망하고 맙니다. 손뼉도 부딪쳐야 소리가 납니다. 그러니 저를 믿어주십시오. 어르신들이 저를 믿고 지켜보신다면 꼭 최고의 조합으로 만들어 보이겠습니다. 이 젊은 놈의 꿈은 농민의 천국을 만드는 것입니다."

뜨거운 여름날 나무그늘에 모여앉아 가졌던 조합 설명회는 그 동안 얼어 있던 조합원들의 마음을 서서히 녹여 갔다. 물론 하루아침에 마음을 돌릴 수는 없었다. 설명회를 통해 약속한 일은 반드시 실천하고, 조합원들의 의견을 수렴하여 소득을 올릴 수 있는 사업을 성공적으로 펼침으로서 잃어버린 신뢰를 회복할 수 있었다.

조합원들이 마음을 열기 시작하자 나는 이전에는 한 번도 하지 않았던 전이용대회를 열었다. 전이용대회는 할 때마다 공을 많이 들이고 준비도 세심하게 했다. 조합의 마음을 보여주기 위해 단순한 행사가 아니라 대동의 의미를 새길 수 있는 잔치가 될 수 있도록 정성을 쏟았다.

그렇게 나는 조합을 정상화하기 위해 3년 동안 뛰어다녔다. 그 시간 동안 조합은 눈에 띄게 다른 모습이 되어 갔다. 발길을 끊었던 조합원들이 다시 조합을 찾기 시작했고, 물건을 하나 사더라도 꼭 연쇄점까지 나와서 이용했다.

사무소도 혁신의 바람이 완전히 정착했다. 직원들은 잃어버린 생기를 찾았고, 우리는 공동운명체라는 정신이 승화되어 꽃을 피웠다. 경제사업도 다각도로 펼칠 수 있는 기반을 마련할 수 있었다. 그리고 이제는 할 수 있다는 자신감에 거칠 것이 없었다.

조합장, 밤길 조심해!

　　　　조합원을 하늘같이 섬긴 결과는 조합의 안정으로 나타
났다. 그러나 호사다마라고, 즐거움보다는 고통이 더 많았다.

　　나를 괴롭힌 것은 부실 채권이었다. 부실 채권은 취임 초기부
터 매우 힘들게 했는데, 사태를 해결하기까지는 2년이란 시간이
걸렸다.

　　부실 채권은 조합을 정상적으로 운영할 수 없을 정도로 많았다.
조합이 침몰 직전으로 몰린 것도 무분별하게 남발한 대출 때문이었
다. 그런데도 전임자들은 이를 해결할 생각은 않고 자리 싸움만 하
고 있었다.

　　조합을 정상적으로 운영하려면 이것부터 해결해야 했다. 그런데

문제는 채권을 회수할 때 선의의 피해자가 나온다는 것이었다. 채무자들을 통해 사태를 해결하면 좋겠지만 능력이 없을 경우는 연대보증인들에게 회수를 해야 하는데, 이는 너무나도 가혹한 처사였다. 그렇다고 방치할 수도 없는 노릇이었다.

나는 풀지 못할 숙제나 다름없는 이 문제를 어떻게 풀어 나갈 것인지 며칠을 끙끙대며 방법을 찾았다. 그러나 아무리 고민을 해도 정면돌파밖에는 다른 방법이 없었다. 부실 채권이라는 곪은 살을 과감히 도려내지 않고는 조합을 살릴 방도가 없었다.

결정을 내린 나는 채권 회수에 들어갔다. 일단 단계별 계획을 세우고 채권자들을 분류하여 회수에 들어갔다. 감당할 수 없는 일이었지만 어쩔 수 없었다.

갑작스러운 채권 회수에 당사자들은 거세게 반발했다. 예상대로였다. 그들에게는 조합을 살린다는 명분이 통하지 않았다. 채권을 회수하여 조합을 정상화시켜야지만 전체가 살 수 있다는 설득은 씨도 먹히지 않았다. 당장 내가 죽게 생겼는데 전체를 생각할 사람은 아무도 없었다.

"조합장, 밤길 조심해!"

채권을 회수하는 과정에서 예사로 들은 말이다. 예전에는 이런 일이 없었는데 젊은 놈이 조합장이 되더니 사람들을 잡는다며 시도 때도 없이 협박이 날아왔다. 차라리 같이 죽자며 칼을 품고 찾아와

휘두른 사람도 있었다. 술에 취해 무작정 조합에 들이닥쳐 기물을 부수는 일은 일상이었다. 어떤 사람은 낫을 들고 쳐들어와 자칫하면 큰 사건이 벌어질 뻔도 했다.

협박은 사무소뿐만 아니라 집으로도 날아왔다. 낮이건 밤이건, 내가 있건 없건 수시로 걸려오는 협박 전화에 아내는 노이로제에 걸릴 정도였다.

그들이 칼을 가는 건 당연했다. 내가 만약 당하는 입장이었다면 나라도 그랬을 것이다. 그들의 입장과 상황을 누구보다 잘 알기에 나는 고통스러웠다.

억울한 피해자들을 보는 것은 괴롭다 못해 참담했다. 채무 당사자도 아닌데 보증을 섰다는 이유만으로 피해를 당하는 사람들을 볼 때마다 이건 정말 할 짓이 아니라는 생각을 수없이 했다. 그러나 나는 그들보다 더 아픈 고통을 안고 사태를 해결할 수밖에 없었다. 그래야만 조합을 살릴 수 있었다.

나는 채권 정리를 하면서 조합원들에게 더욱 다가서려고 노력했다. 그들의 고통을 어떡하든 풀어주고 싶었다. 채권을 정리할 때는 당사자의 사정을 충분히 들은 뒤 가능한 피해를 줄일 수 있는 모든 방법을 강구했다. 또 내가 나서서 풀 수 있는 방법이 있다면 그렇게 했다.

조합의 입장보다는 당사자의 입장을 먼저 듣고 최선의 해결책을 찾아가자 사람들은 차츰 나를 믿기 시작했다. 당사자와 마주앉아 해볼 수 있는 방법은 다 찾아보면서 문제를 해결하기 위해 내가 직접 나서기까지 하자 통하기 시작한 것이다.

나는 그들과 허심탄회하게 쓰디쓴 소주를 마셔가며 문제를 하나씩 해결해 갔다. 그들의 아픔 속으로 들어가 보증까지 직접 서가면서 고통을 줄이기 위해 최대한 노력했다. 그렇게 나는 결코 풀 수 없을 것 같은 숙제를 풀어나갔다.

나는 어려운 사람들이 찾아오면 외면하지 못한다. 이런 과정에서 일이 잘못돼 채무를 대신 감당해준 적도 수없이 많다. 내가 이러는 건 돈이 많아서가 아니다. 한때 나는 이런 일들로 인해 빚을 진 적도 있고, 불이익도 당할 만큼 당했다.

나도 다른 사람처럼 한 가정을 책임져야 하는 가장이다. 아내와 자식들이 나만 바라보고 있는 가정을 누구보다 먼저 챙겨야 한다. 그러나 조합과 조합원이 우선이었다.

조합원을 최우선으로 하는 것은 직원들이 뚜렷한 목표를 갖고 일할 수 있는 환경을 만들어주기 위해서다. 그래야만 조합이 발전할 수 있다고 나는 믿는다.

조합은 조합장이 책임을 져야 한다. 그 책임은 직원들이 완수하게 만들어준다. 대출이 필요한데 자격이 안 되어 불가능한 조합원이 있다고 하자. 당장 대출을 받지 못하면 살 수 없는 조합원이 믿을

데라고는 조합밖에 없다. 그런데 조합이 농민을 외면하면 이는 곧 죽으라는 말이다. 그래서 대출을 받지 못하면 조합에 찾아와 호소할 수밖에 없고, 그러다보면 업무는 마비되고 만다.

나는 이를 막기 위해 가능한 모든 방법을 찾는다. 안 되면 내가 나서서 보증이라도 선다. 조합원의 문제를 해결해주는 것이 바로 조합장의 역할이고 책임이다. 그래야만 직원들도 마음 편히 일할 수 있는 분위기를 만들 수 있다. 조합장인 내가 모든 문제를 책임진다, 이 생각은 예나 지금이나 변함이 없다.

주인을 섬기는 공동체

　　정의란 무엇인가, 미국의 명문 하버드대학교의 마이클 샌델 교수가 펴낸 책의 제목이다. 지난해 출간된 이 책이 얼마 전 100만 부를 돌파하며 밀리언셀러로 등극했다고 한다. 출간 직후부터 폭발적인 관심 속에 줄곧 베스트셀러 상위를 지켰다고 하는데, 이를 보면 우리 사회가 얼마나 정의를 갈구하고 있는지 알 수 있다.

　나는 정의를 '각자에게 주어진 책임과 의무를 다하는 것' 이라고 생각한다. 책임과 의무를 다하면 정의는 저절로 실현되고, 또 그런 사회만큼 아름다운 사회는 없다.

　정의로운 사회를 만드는 책임과 의무는 개인과 조직 모두가 기본적으로 갖추어야 할 덕목이다. 그리고 책임보다는 의무를 선행해야

질서 있고 조화로운 사회로 발전할 수 있다.

부실 채권으로 몸살을 앓고 있을 무렵 나는 이 문제보다 더한 고통을 감수해야만 했다. 그것은 나에 대한 음해였다.

앞서 얘기한 대로 30대의 젊은 나이에 조합장이 되자 제일 먼저 주변의 시기와 질투가 들이닥쳤다. 그것도 나와는 상관없는 사람들이 아니라 내가 너무나도 잘 알고 있는 사람들이었다. 전임 조합장과 면장, 평통위원 등 지역의 선배이자 유지라는 사람들이 나를 해하기 위해 달려들었다.

그들은 내가 조합장에 당선된 것을 달갑게 받아들이지 않았다. 조합장에 취임하여 사무소 환경을 정비할 때부터 그들은 작심하고서 사사건건 어깃장을 놓았다. 젊은 놈이 멀쩡한 조합을 뜯어고친다고 비난을 퍼부었던 것도 그들이었고, 부실 채권을 정리하는 과정에서 비리가 있다는 등 말도 안 되는 이유를 가져다붙이며 투서를 서슴지 않았던 것도 그들이었다. 그들은 직원들이 실수를 하거나 잘못이라도 하면 아무리 작은 것도 놓치지 않고 사건을 확대했다.

그들은 나의 모든 행동을 하나도 놓치지 않고 주시하며 어떡하든 나를 끌어내리려고 용을 썼다. 나를 탐탁지 않게 여기는 이사회를 통해 사업 승인을 방해했고, 기관장들과 한통속이 되어 건방지다는 이유로 협조를 하지 않았다.

당시 나는 불필요한 오해를 사지 않기 위해, 또 거덜 난 조합을 살리기 위해 낮은 자세로 솔선수범해야 한다는 생각에 술집 출입도 조심했었다. 그들은 이런 것까지 물고 늘어지며 없는 말을 만들어 냈다. 나중에는 세상 물정 모르는 놈이 조합을 말아먹고 있다며 파산하고 말 거라는 말도 서슴지 않고 퍼뜨렸다. 입만 열면 변화니 개혁이니 듣기 싫은 말만 쏟아내고 있으니 얼마나 눈엣가시였을까.

나는 그들의 행동이 노골화할수록 의연하게 대처하려고 노력했다. 그러나 한편으로는 서러웠다. 나도 평범한 인간이기에 무조건 발목을 잡고 늘어지는 그들의 행태에 때로는 분노했고, 내 편은 하나도 없다는 절망감에 외로웠다.

그들을 물리칠 수 있는 방법은 하나뿐이었다. 조합원의 지지를 얻는 것, 그러자면 투명한 경영으로 조합을 살려야 했다.

나는 경영을 거울에 비유한다. 거울 앞에 서면 내 모습이 숨김없이 드러난다. 거울 앞에서는 그 어떤 것도 속일 수 없다. 부끄러운 것은 부끄러운 대로, 잘못한 것은 잘못한 대로 고스란히 드러난다. 만약 잘못한 것을 숨기고 거울 앞에 서면 추악한 모습으로 비친다.

나는 늘 거울 앞에 선다는 심정으로 일했다. 한 점의 부끄러움도, 한 점의 속임도 없었다. 어느 누구 앞에서도 당당할 수 있었다.

가결산을 할 때면 나는 마을을 돌며 조합의 운영 상태를 낱낱이 공개했다. 이익이 나면 얼마나 이익이 났는지, 어려운 일이 있으면 왜 어려운지, 지금 하고 있는 사업은 무엇이며 앞으로 하고자 하는 사업은 무엇인지 하나부터 열까지 상세하게 설명하고 도움을 청했다. 조합원들의 알권리를 충족시키기 위해 그런 게 아니었다. 내가 진실하지 못하고 속이는 순간 조합은 없어지기 때문이었다. 나는 조합원들과 한 약속은 반드시 지켰고, 어떤 어려움이 닥쳐도 기어코 실행하며 그 과정을 숨김없이 보여주었다.

거짓이 없으니 사람들 앞에 나설 때도 당당했다. 지역 유지나 기관장, 관내의 아버지뻘 되는 조합장들에게 나는 아무리 어려워도 비굴한 모습을 보이지 않았다. 할 말이 있으면 당당하게 했고, 타협이나 흥정은 없었다. 공과 사 또한 엄격하게 구분했다. 내가 흔들리는 순간 조합이 죽는다는 각오로 매사 원칙대로 일했다.

그러나 자세는 자식처럼 낮추었다. 조합원들을 부모처럼 섬기며 오순도순 함께 사는 조합을 만들어 갔다. 조합의 미래는 사업물량과 거창한 목표에 달려 있지 않다. 더불어 나누는 공동체를 만드는 것이 미래로 나아가는 길이다.

낮은 자세로 공명정대하게 일한 결과는 무척 달았다. 취임 첫 해부터 우리 조합은 군내 종합업적 1위에 올랐는데, 매년 결산을 볼 때마다 신기록 행진을 멈추지 않았다. 그리고 취임 5년 만인 1995년 8월에는 총화상을 수상하는 감격까지 누렸다.

농협 최고의 상을 수상한 그날은 우리 조합원들에게는 승리의 날이었다. 개인적으로는 나를 끌어내리기 위해 무수한 방법을 동원했던 사람들과 맞서면서 주어진 책임과 의무를 다한 결과였다. 그날 나는 진실과 정의는 반드시 승리한다는 사실을 새삼 확인했다. 자신과의 약속을 지킨 사람은 하늘이 외면하지 않는다는 믿음을 다시 한 번 굳게 가질 수 있었다.

아이들이 떠나지 않는 이상향

우리 지역에는 '파프리카 마을'이라고 불리는 마을이 있다. 행정구역상으로는 경남 합천군 가야면 치인 2구인데, 우리는 이 마을을 '마장'이라고 부른다. 옛날부터 말이 잠시 쉬어가는 곳이라 하여 그렇게 부른다.

나는 이곳을 자랑스럽게 생각한다. 이 마을은 과학 영농으로 파프리카를 수확하여 주민들 모두 3만 달러가 넘는 연소득을 올리고 있다. 우리 지역에서는 가장 살기 좋은 마을이다.

여기와의 인연은 농협에 첫 발을 들여놓았을 때부터 시작되었다. 햇병아리 시절 나는 이 마을로 채권을 회수하러 다녔다. 그때 이 마을은 직원들이 출장을 기피하는 곳이었다. 마을이 경남의 강원도라

불릴 정도로 고지대에 자리하고 있었기 때문인데, 출장을 가면 당일로 돌아오지 못할 수도 있었다. 나는 이 마을 출장을 자청해서 다녔다.

이곳에 출장을 다니면서 나는 농협인의 마음과 자세를 가다듬을 수 있었다. '하늘 아래 첫 동네' 라 불리는 이 마을은 지극히 어려운 생활에 허덕이고 있었다. 어려운 정도가 아니라 먹고 살 것이 없을 정도였다.

이 마을은 해발이 높은 산 속 깊숙이 있어 벼농사를 지을 수 없는 환경이었다. 어쩌다 농사를 짓는다 해도 추수 때만 되면 태풍이 휩쓸고 가는 바람에 수확을 하지 못했다. 고작 밭에다 약초나 씨감자 정도를 심어서 연명을 하는 게 전부였다.

겨울이면 아무것도 하지 못하고 맹추위에 떨어야 했다. 눈이라도 내리면 길이 막혀 아랫마을로 내려오지도 못하고 꼼짝없이 며칠씩 갇혀 지내야 했다.

하지만 인심 하나는 최고였다. 서로 없이 살기 때문에 정이 두텁고 살가워 출장을 가면 매번 가족처럼 반겨주었다. 나는 겨울 출장 길에 눈이 내려 마을에 갇혀 있던 적이 여러 번 있었다. 그럴 때면 주민들은 삶은 감자라도 내와서 대접을 했고, 산토끼라도 잡는 날이면 막걸리를 함께 나누곤 했다. 그래서 나는 민폐를 끼치지 않으려고 출장을 갈 때 라면을 사가지고 가기도 했다.

나는 이 마을로 출장을 갈 때마다 이런 마을이야말로 농협이 나서서 잘 사는 마을로 만들어야 한다고 생각했다. 이런 생각은 조합장이 되고 나서 곧바로 실행에 옮겼다.

마을을 개선하는 사업의 목적을 나는 '돌아오는 농촌'으로 정했다. 조합장이 되고 나서 마을을 보니 살기가 너무 어려워 주민들이 떠나고 없었기 때문이다. 도무지 앞이 안 보이는 캄캄한 미래만 있을 뿐인데 남아서 사는 것이 어쩌면 이상할 것이다.

젊은 사람들이 떠나고 힘없는 노인들만 남아 있는 마을을 살릴 수 있는 방법은 없었다. 가장 큰 고민은 지리적인 환경이었는데, 해발이 700~1,000미터에 이르는 대관령 같은 환경에서 무엇을 해야할지 마땅한 게 없었다. 그런데 이 지리적인 환경이 바로 해결책을 주었다. 고랭지의 이점을 살리기만 한다면 채소를 재배할 수 있을 것 같다는 생각이 들었던 것이다.

고민이 풀리면서 나는 곧 실행에 옮겼다. 먼저 행정기관부터 찾아갔다. 고랭지 채소를 심으려면 논을 밭으로 바꾸어야 하기 때문에 전전환 요청을 하기 위해서였다. 다행히 행정기관은 나의 뜻을 받아들여 주었다. 그때부터 마을을 개발하는 일은 탄력이 붙었다.

처음에는 무와 배추를 심었다. 결과는 성공이었다. 한때는 영남 지방의 60% 정도를 담당할 정도로 채소를 생산했으니 대성공이었다. 땅이 비옥한 분지인데다가 환경도 고랭지 채소를 재배하기에 안성맞춤이어서 실패하지 않을 거라는 예상이 딱 맞았다.

자신감을 얻은 나는 채소에 이어 고랭지 화훼를 시범적으로 재배하기로 하고 작목반을 만들었다. 채소가 된다면 화훼도 충분히 할 수 있을 것 같았다. 이 역시 예상을 뛰어넘는 큰 성공을 거두었다.

화훼작목반이 기대 이상으로 성공할 수 있었던 이면에는 학사농군들의 열정이 있었다. 특히 작목반장을 했던 신완규 씨를 잊을 수 없다. 그는 젊은이들이 돌아오는 농촌을 만드는 데 그 누구보다 큰 기여를 했다.

동아대학교 원예학과를 졸업한 그는 학사농군이다. 아내도 대학에서 회계학을 전공한 재원이다. 처음 이들 부부는 해인사에서 천 평의 땅을 임대하여 농협에서 융자를 받은 돈을 밑천으로 화훼농사를 시작했다. 그리고 황무지와 같은 마을을 부자 마을로 개척했다. 이 공로로 그는 새농민 본상 대통령 포장과 대산농촌문화상까지 수상했다.

신완규 씨의 등장은 누구도 예상치 못한 새바람을 일으켰다. 그의 뒤를 이어 여섯 농가가 더 들어왔는데, 모두 대학을 졸업한 학사농군들이었다. 이들 학사농군들은 신완규 씨를 중심으로 하여 본격적으로 화훼농사를 지었다.

처음에는 고생이 이루 말할 수 없었다. 못 쓰는 땅을 개간하여 농사를 짓기란 말처럼 쉬운 일이 아니다. 그들은 땅을 개간할 당시 비닐하우스를 지어서 거적을 씌워 놓은 채 생활을 했고, 쥐들이 웅성웅성 몰려다닐 정도로 척박한 땅에서 아이들과 함께 먹고 자면서 그야말로 짐승 같은 생활을 했다. 사람들은 이렇게 생활을 하며 농사를 짓는 그들을 보며 과연 성공할 수 있을까 고개를 갸웃거렸고, 미쳤다고 비웃는 사람도 많았다.

제일 먼저 시작한 것은 안개꽃 재배였다. 이 안개꽃이 요즘 말로 대박을 터뜨렸다. 작목반원들 모두가 꽃이 죽으면 우리도 죽는다는 각오로 열성을 다한 결과 아주 상질의 꽃을 재배하는 데 성공했다. 당시 이들이 재배한 안개꽃은 시세보다 훨씬 높게 팔려나갔다. 이런 내용은 '학사농군이 일군 화훼작목반' 이라는 제목으로 언론에까지 소개되었고, 1994년에는 협동조직 대상까지 수상하면서 전국에서 견학을 오는 등 집중적인 관심을 받기도 했다.

안개꽃으로 확실한 뿌리를 내린 화훼작목반은 수출농업으로 눈을 돌렸다. 안개꽃도 하면서 백합까지 재배한 것인데, 나는 백합 재배도 성공하리라는 확신이 있었다.

나는 작목반 지원을 최우선으로 했다. 그때는 우리나라에서 구근을 생산하지 않아서 전부 네덜란드에서 수입을 했다. 나는 자본이 없는 작목반원들에게 대출은 물론 시설까지 투자하면서 물심양면으로 할 수 있는 지원은 다했다.

백합은 크게 성공을 거두었다. 안개꽃에 이어 연타석 홈런이었다. 지금은 볼 수 없지만 극장에서 영화를 상영하기 전에 틀어주었 던 대한뉴스에까지 소개될 정도로 엄청난 성공이었다.

백합 재배는 일본 등 해외로 수출하며 2년 동안 호황을 누렸다. 그런데 이런 사업이 전혀 생각지도 못한 복병을 만나 허물어지고 말았다. 1997년 IMF 외환위기가 닥치면서 3년차 되던 해에 그만 추락하고 만 것이다.

외환위기와 함께 닥쳐온 환율 파동은 작목반의 숨통을 조이기 시 작했다. 백합을 재배하려면 난방을 가동해야 하는데 기름 값이 천 정부지로 치솟으면서 생산원가를 감당하지 못하고 위기에 봉착했 다. 거기에 판로마저 막혀버리고 말았다. 국내는 물론 수출시장도 꽉 막히는 바람에 장밋빛 미래를 그리고 있던 학사농군들은 동력을 상실한 채 허탈감에 빠졌다.

느닷없이 닥친 외환위기는 작목반을 쑥대밭으로 만들었다. 젊은 패기 하나만으로 버려진 마을을 살려냈던 학사농군들이 줄줄이 부 도가 나면서 결국 야반도주하는 사람까지 나왔다. 개척의 선봉에 섰던 신완규 씨도 거리에 내몰릴 신세로 전락했는데, 그때까지 일 구어 놓았던 모든 것을 잃고 실의에 빠진 그를 살려보기 위해 나는 모든 노력을 쏟았지만 허사였다.

불모지였던 마을에 들어와 비닐하우스에서 신혼살림을 꾸리고 희망이란 빛을 일구어 나갔던 젊은 부부의 꿈이 한순간에 무너지는 것을 보면서 나는 참담했다. 심훈의 소설 《상록수》에 나오는 주인공처럼 누구보다 앞선 개척자인 그를 통해 나는 정말 많은 감명을 받았었다. 그런 그가 벼랑으로 내몰리는 현실을 보며 울분이 치밀어 견딜 수가 없었다.

화훼작목반의 추락은 곧 조합의 추락이었다. 작목반에 지원한 대출금이 큰 타격이 되어 조합은 결산을 하지 못할 정도로 휘청거렸다. 나는 그대로 주저앉을 수 없었다. 당장 조합을 살려야만 했다.

조합을 살리기 위해 나는 다시 한 번 모험을 시도했다. 파프리카를 재배하자는 결단을 내렸는데, 죽어도 같이 죽고 살아도 같이 살자는 마음이었다.

파프리카는 섭씨 20도 내외의 적정한 온도에서 재배해야 한다. 나는 한여름에도 온도를 떨어뜨릴 수 있는 고랭지라는 이점을 살리고 비가림 시설만 잘한다면 충분히 성공할 수 있다고 보았다.

이 사업은 처음부터 난관에 부딪쳤다. 파프리카를 재배하려면 시설부터 다시 만들어야 한다. 과학영농을 적용한 최첨단의 유리 하우스를 새로 짓고 현대화 시설을 해야 하는데, 이를 위해서는 막대한 돈이 들어간다. 유리 하우스 한 동에 10억 원씩 들어가는 엄청난 사업이었다.

사업을 추진하자 조합원은 물론이고 직원들까지 일제히 반대하고 나섰다. 화훼작목반을 하면서 이미 조합은 위기에 빠져 허우적거리고 있었다. 그런데 무슨 수로 돈을 대며, 설령 투자를 하더라도 성공한다는 확신이 없다는 것이었다. 획기적인 시도로 몇 년 동안은 성공을 거두었다지만 결과적으로는 실패를 본 화훼작목반 사업은 그만큼 치명타였다. 그래서 새로운 사업을 추진하려는 나를 사람들은 미쳤다고 손가락질했다.

나는 물러서지 않았다. 조합원들과 직원들을 설득하면서 행정지원을 이끌어내기 위해 부지런히 뛰었다. 조합만의 힘으로는 할 수 없는 사업이라서 군수와 의회 의원들을 만나 재정 지원을 받아내야만 했다. 정말 어려운 일이었지만 나는 반드시 해낼 수 있는 사업이라고 설득한 끝에 군비를 확보할 수 있었다. 거기에 도비와 국비까지 확보하면서 사업은 본격적으로 추진되었다.

수십억 원의 돈이 들어가는 사업을 지칠 줄 모르고 추진하는 나를 대하는 사람들의 시선은 싸늘했다. 그 돈이면 마을을 통째로 살 수도 있는데 무리한 사업에 투자한다며 연일 나를 성토했다. 조합원들은 파프리카 마을에만 지원을 하고 우리는 거들떠도 안 본다며 조합장은 우리 조합장이 아니라 저들 조합장이라며 거세게 반발했다. 무리한 사업과 대출로 조합이 파산할 거라는 소문도 빠르게 퍼져나갔다.

그러던 어느 날, 기어이 사건이 터지고 말았다. 파프리카 작목반을 지원하기 위해 대출을 해주었던 사람들 중 하나가 대출금을 받고는 그길로 도망을 갔다. 이 사건은 안 그래도 힘겨운 나를 더욱 구렁텅이로 밀어 넣었다.

그래도 나는 뜻을 굽히지 않았다. 아니, 이미 벌인 일을 접을 수도 없었고, 사람들의 비난과 원성을 반드시 성공해 보임으로써 갚아주고 싶었다.

성공의 조짐은 시험 재배 단계부터 보이기 시작했다. 농촌기술센터와 연계하여 재배한 파프리카가 성공을 거두면서 전량 수출되는 쾌거를 이룬 것이다. 당시 파프리카는 시세가 매우 좋았다. 그리고 여름에 고랭지 파프리카를 재배하는 곳이 한 군데도 없었다. 이는 확실하게 성공할 수 있는 최상의 조건이었다.

이후 사업은 단 한 번의 실패 없이 성공가도를 달렸다. 해마다 승승장구하며 막대한 소득을 올릴 수 있었고, 소득이 오르면서 길도 닦고 집도 새로 짓는 등 마을 전체가 완전히 새로운 모습으로 바뀌었다. 그리고 지금은 3만 달러 소득 시대를 열어젖히며 전국에서 제일 잘사는 마을로 떠올랐다.

실패하면 모두가 죽는다는 절박함으로 시작한 이 사업은 떠나는 농촌에서 돌아오는 농촌으로 만드는 토대가 되었다. 의식 있는 젊은 농군들이 들어와 마을에 새바람을 일으켰고, 원활한 소통으로 과학영농을 정착시켰다. 나는 이 사업을 일생의 가장 큰 보람으로 생각한다.

파프리카 마을로 가는 길에는 학교가 하나 있다. 해인초등학교다. 파프리카 작목반이 없었다면 벌써 폐교되었을 학교다. 지금 이 학교 아이들은 스쿨버스를 타고 다닌다. 나는 이 학교를 볼 때마다 가슴이 벅차다. 이 아이들이 농촌을 떠나지 않고 지켜나가기를 나는 바란다. 아이들이 떠나지 않는 농촌, 그 희망의 이상향을 나는 꼭 만들고 싶다.

우리가 아니면 누가 알겠소

그 동안 나는 많은 상을 받았다. 하나같이 과분한 상이다. 이 상들은 내가 잘해서 탄 것이 아니다. 나와 더불어 한 배를 타고 있는 조합원들과 직원들의 노력으로 받은 상이다. 나는 내가 받은 상들이 모두 조합원들과 직원들이 주는 상이라고 생각한다. 그 중 특별한 상이 있다. 총화상과 훈장, 그리고 조합원들이 수여한 감사패다. 이 중에서도 나는 동물병원을 개원할 때 조합원들이 수여한 감사패를 가장 큰 상이라고 생각한다.

가야농협 동물병원은 나의 자랑 중 하나다. 나는 동물병원을 개원한 것을 그 어느 사업보다 보람으로 여긴다. 농협도 동물병원을 운영할 수 있다는 법적 근거를 만들었기 때문이다.

동물병원을 개원하기까지는 2년이란 시간이 걸렸다. 그 짧지 않은 시간 동안 나는 경상남도와 정부를 상대로 결코 물러설 수 없는 한 판 승부를 벌였다.

동물병원 개원신청서를 처음 낸 것은 1996년 10월이다. 그때만 해도 동물병원은 축협의 전유물이었다. 그나마도 동물병원을 개설한 축협이 거의 없었다. 우리 조합이 동물병원 개원신청서를 냈던 96년 말까지만 해도 전국 축협에 24개소밖에 없었고, 수의사를 두고서 가축진료를 하는 곳은 불과 11개소뿐이었다. 나머지는 단순히 약품만 취급하고 있었다.

사정이 이렇다보니 수의사들의 횡포도 더러 있었다. 수의사를 한 번 부르면 출장비 명목으로 3~5만 원을 주어야 했고, 농민들이 모르는 약품 값은 부르는 게 값이었다. 일부 수의사들은 한 번의 처방만으로 끝낼 수 있는 가축질병도 출장비와 진료비를 더 받으려고 두세 번씩 진료를 하는 등 악의적으로 진료를 지연시킨다는 소문도 있었다. 농민들은 가축 진료를 받고 싶어도 마음대로 수의사를 부르지 못하는 실정이었다.

나는 조합장에 취임하여 역점으로 추진한 사업을 들라면 세 가지를 든다. 파프리카 마을과 부업축산, 친환경농업이다. 특히 부업축산을 장려했는데, 농사만 지어서는 소득을 크게 올릴 수 없으므로 부업축산을 하여 또 다른 소득을 만들어내어야 한다고 믿었다. 이런 믿음은 사업이 성공하면서 빛을 보았고, 부업축산은 우리 고장 브랜드인 '황토한우'로 발전하는 데 밑거름이 되었다.

부업축산이 자리를 잡으면서 생긴 문제는 가축질병이었다. 가뜩이나 어려운 농가 살림에 질병이라도 생기면 적지 않은 돈이 들어가는데, 수의사들의 횡포로부터 농가를 보호하려면 반드시 동물병원을 만들어야 했다. 그러나 동물병원을 만드는 문제는 그리 간단한 것이 아니었다. 수의사들의 반발도 반발이지만 법적인 근거는 없어도 동물병원은 축협에서만 개설할 수 있었다.

나는 농협에서도 동물병원을 만들 수 있는 방법을 찾아보았다. 예상대로 뾰족한 수가 없었다. 단 하나 있다면 도지사에게 호소하는 방법뿐이었다. 우리 조합이 경남에 있으니 동물병원의 허가권자는 경상남도였다.

그러던 어느 날, 기회가 찾아왔다. 도지사가 해인사를 방문한다는 것이었다. 나는 도지사에게 직접 요청을 하기로 했다.

도지사가 해인사를 방문한 날 나는 도지사 앞에서 조합과 지역 현황을 브리핑하는 시간을 얻었다. 나는 브리핑을 마치고 건의를 했다.

"도지사님, 청이 하나 있습니다. 지금 우리 조합에서 동물병원을 만들기 위해 준비하고 있는데 이를 허가해 주시면 고맙겠습니다."

"동물병원은 축협 소관 아닌가요?"

"그렇습니다. 하지만 가야 지역은 가까운 축협이 없어 농민들이 애를 먹고 있습니다. 축산물의 생산비를 낮출 수 있는 가장 현실적인 방안은 값싼 진료비와 동물약품 공급입니다. 그런데 축협이 없는 지역이나 동물병원이 없는 지역은 사정이 여의치 않아 축산농민들이 일부 수의사들의 고질적인 횡포에 시름만 더해가고 있습니다. 그리고 농협이 동물병원을 만들어서는 안 된다는 법도 없습니다. 이 점 헤아려 주시기 바랍니다."

그러자 도지사는 상황을 파악하고는 내일이라도 당장 내주겠다며 흔쾌히 받아들였다.

나는 도지사의 말만 믿고서 이제 일은 다 끝났다고 생각했다. 그러나 그건 나만의 생각이었다. 수의사를 채용하고 동물병원 개원 준비를 모두 마친 뒤 허가기관인 경상남도에 개원신청서를 제출했더니 돌아온 답은 개설 불가였다. 이유는 '가야 관내의 가축 사육 마리 수와 동물병원 개설 현황, 진료건수, 관련 단체의 여론 등을 종합적으로 고려할 때 받아들일 수 없다'는 것이었다.

나는 즉각 반발했다. 경상남도가 개설 불가를 결정한 이유는 서류상의 이유일 뿐 실질적으로는 수의사들과 축협 등 관련 단체의 여론과 압력이 두려워 그런 것이라고 보았기 때문이다. 실제로 경상남도로부터 동물병원 개설 허가에 관한 유권해석을 의뢰받은 농림부 가축위생과는 '비영리법인인 농·축협이 모두 동물병원을 개설할 수는 있지만 특성상 축협에게만 허가하는 것이 타당하다' 는 이유를 들어 농협의 동물병원 설립을 반대하고 나섰다. 즉 경상남도와 농림부는 표면상의 논리를 내세우며 실제로는 동물병원 개설 허가권을 쥐고 있는 관련 공무원과 수의사협회, 축협의 손을 들어준 것이다.

나는 경상남도에 찾아가 따졌다. 법적으로도 근거가 없는데 동물병원을 개설하지 못하게 하는 이유가 뭐냐고 항의하고는 당신들이 진정으로 농민을 생각하는 공무원들이냐며 당장 허가를 하라고 촉구했다. 나의 항의에 담당자들은 오로지 상황만 피하고 사태를 축소시키기에 급급했다. 그들은 뚜렷한 이유도 없이 시간만 질질 끌었다.

나는 분통이 터져 견딜 수가 없었다. 그럴수록 전의는 더욱 불타올랐다. 이제는 단순히 우리 조합에 동물병원을 개설하는 문제가 아니라 전국 농협의 문제라고 생각했다. 여기서 포기하고 물러난다면 앞으로도 이런 문제는 되풀이될 것이고, 농협은 동물병원을 개설하지 못한다는 선례만 남길 것이었다.

나는 곧 이의신청을 내고 행정소송에 들어갔다. 그러자 동물병원 개원신청서를 낼 때부터 반발하고 나섰던 수의사회가 더욱 강한 압력을 행사하기 시작했다. 사태가 심각하게 돌아가자 주변에서는 이길 수 없는 싸움이라며 말리기까지 했다.

나는 물러서지 않았다. 농협이 동물병원을 하면 안 된다는 법적인 근거도 없는데 단지 관례에 따른 처분을 받아들일 거라면 애초에 싸움을 시작하지도 않았다. 나는 한 가닥 희망을 걸고 행정심판이 내려지기만을 기다렸다.

가슴을 졸이며 기다리던 결과는 우리의 승리였다. 행정심판위원회에서 '지방자치단체가 회원 농협의 동물병원 개설을 허가해 주지 않는 것은 위법·부당한 처분'이라는 결정을 내린 것이다. 이 결정에 따라 농림부는 우리 조합이 냈던 동물병원 개원신청서에 대한 불허가 처분을 취소했다.

신청서를 낸 지 2년 만에 행정기관과 싸워가며 동물병원을 개원하던 날 조합은 축제가 따로 없었다. 그 동안 어렵게 허덕여 왔던 조합원들의 활짝 웃는 얼굴을 보면서 나는 벅찬 감동에 눈물을 흘렸다. 조합원들은 그런 나를 위로하며 감사패를 안겨 주었다.

"조합장, 고생했소. 그 동안 얼마나 마음고생을 했소. 그 마음 알고 있소. 우리가 아니면 누가 알겠소. 이제 우리도 발 쭉 뻗고 자겠구려. 이게 다 조합장 덕이오."

감사패를 받아들면서 나는 조합원들이 그렇게 고마울 수 없었다. 지난 2년 동안 아무런 표현도 하지 않았지만 마음으로는 나를 응원하고 있었구나 하는 생각에 조합원들을 업고서 춤이라도 추고 싶었다.

우리 조합 동물병원은 전국 농협에서는 최초다. 농협 최초의 동물병원답게 우리는 밤낮을 가리지 않고 조합원들이 부르면 달려갔다. 아무리 깊은 밤중이라도 호출이 있으면 득달같이 달려가 조합원들과 함께 했고, 가야 지역은 물론 인근의 야로, 묘산 지역에 이르기까지 '가축질병 119 동물구조대'로 불리며 맹활약을 했다.

한 가지 아쉬움이라면, 나는 우리가 동물병원을 개설하면 다른 농협으로 확산되어 전국의 축산농민들의 살림이 좀 더 나아질 줄 알았다. 그런데 생각과는 달리 동물병원을 개설하는 농협이 별로 없었다. 운영비 때문에 적자가 많이 발생하기 때문이다. 조합이 충분히 안정적이면 모를까 동물병원을 운영하기란 쉽지 않은 게 현실이다. 또 면 단위의 작은 농협은 살림이 넉넉지 않아서 더욱 운영하기가 어렵다. 참으로 안타까운 현실이다. 하지만 동물병원은 환원사업 차원에서 반드시 운영해야 한다고 생각한다.

우리는 평등한 주인이다

"지극정성으로 사랑하면 상대가 나를 미워할 수 없다."

나는 이 말을 입버릇처럼 한다. 사랑으로 주면 사랑으로 받고, 미움으로 주면 미움으로 받는다. 너무나 당연한 진리다.

지극한 정성으로 사랑하라는 것은 조합원을 하늘같이 섬기라는 말이다. 행동 하나에서부터 사업에 이르기까지 이런 마음으로 일해야 한다고 나는 말한다. 아무리 돈을 많이 들여 사업을 해도 섬기는 마음이 없으면 그 사업은 성과를 내지 못한다. 조합원들도 만족하지 않는다. 그러나 돈이 없어도 섬기는 마음으로 하는 사업은 실패하지 않는다. 조합원들도 섬기는 마음과 정성을 알아준다.

나는 조합원들을 마음으로 섬기는 사업을 우선으로 한다. 그것이 경영 최약체 조합을 오늘날 튼튼한 조합으로 만든 비결이라면 비결이다.

1995년 복지조합으로 승격한 우리 조합은 이듬해 경남 최우수 조합에 오르는 기쁨을 맛보았다. 이어 1999년과 2000년에는 2년 연속 종합업적 전국 2위를 기록하며 반석에 올랐다. 그리고 2001년에는 자기자금증대 최우수 조합으로 선정되었다. 이때의 감격을 나는 잊지 못한다.

나는 2000년에 들어서면서 출자금 증대 운동을 펼쳤다. 재무구조를 더욱 건실하게 하기 위해서였다. 이 운동을 나는 조금 색다르게 했다. 모든 조합원이 똑같이 107만 원을 내자고 했던 것이다.

이 돈은 농촌에서는 큰돈이다. 모든 조합원에게 똑같이 출자금을 걷는 것도 정말 어려운 일이다. 그럼에도 똑같은 금액을 내자고 했던 것은 모두가 평등한 주인이라는 정신을 갖자는 뜻에서였다.

나는 이 운동을 펼치면서 걱정을 참 많이 했다. 출자금이라는 것이 형편에 따라 다르게 낼 수도 있는데 혹여 강압적으로 보일 수도 있었고, 새로 만드는 조합도 아닌데 갑자기 출자금을 모은다고 하면 반발에 부딪힐 수도 있었다.

이런 걱정은 고맙게도 기우에 불과했다. 나의 뜻을 간파한 협동조직장들이 적극적으로 나서서 출자금 증대 운동에 나서 생각지도 않았던 짧은 기간에 목표를 달성할 수 있었다.

출자금 증대 운동을 펼치는 과정에서 나는 다시 한 번 조합원들의 마음을 읽을 수 있었다. 조합원들은 조합이 더욱 튼튼하게 성장하기 위한 이 일에 모두가 자발적으로 참여했다. 직원들을 대신해 운동에 나섰던 협동조직장들도 한 마음으로 발 벗고 나서 주었다.

일부 조합원들은 균등하게 정한 금액보다 더 많이 내려고도 했다. 그러나 나는 똑같이 받았다. 돈을 많이 내고 적게 내고가 중요한 게 아니라 하나가 되어 조합을 살찌우자는 마음이 중요하기 때문이었다.

자발적으로 참여하는 조합원들을 보면서 나는 큰 감명을 받았다. 조합원들이 말없이 지켜보면서 나를 성원하고 있구나 생각하니 뭉클했다.

조합원들의 마음에 나는 더 많은 배당과 환원사업으로 보답했다. 우리 조합은 해마다 출자금보다 더 많은 돈을 환원하고 있는데, 이는 조합 운영을 잘해서가 아니라 조합원들이 사업을 잘할 수 있도록 밀어주고 끌어준 결과다.

전국 최고의 조합을 일구어낸 조합원들에게 내가 할 수 있는 것은 부르면 어디든 달려가는 것이다. 나는 언제든지 나를 필요로 하면 만사 젖혀두고 달려간다. 특히 애경사와 주례는 빠지는 법이 없다. 어떤 날은 하루에 두 차례나 주례를 서기도 한다. 거리가 먼 결혼식에 동시에 주례를 서는 날이면 오토바이를 타고서라도 간다.

"우리 조합장은 연예인이라니까. 동에 번쩍 서에 번쩍 바쁘기도 하지, 허허허."

"부르시는데 제가 안 오면 쓰나요. 언제든 부르시면 달려가겠습니다."

몸이 하나라는 게 아쉬울 때가 한두 번이 아니다.

주례를 설 때는 미리부터 꼼꼼하게 준비를 한다. 10분 정도의 주례사를 위해 1시간이나 메모를 하고, 정리된 주례사도 두 번 세 번 들여다보면서 토씨 하나라도 잘못돼 있으면 바로 고쳐야 직성이 풀린다. 이렇게 하는 것은 형식적인 주례사일지언정 진정한 이야기를 해야 한다는 마음에서다.

우리 조합은 규모가 작다. 시골 조합이 규모가 커봐야 얼마나 크겠는가. 그러나 조합원을 위한 복지사업은 어느 곳보다 잘하고 있다고 자신한다. 적자가 나더라도 조합원들에게 절실한 사업은 아무리 힘들어도 꼭 한다. 고장이 난 농기계를 부속 값만 받고 고쳐주는 농기계수리센터도 그런 사업이다. 한때는 '농민심부름센터'를 운영하여 조합원들의 심부름을 대신 해주기도 했다. 지역민들이 필요로 하는 민원서류를 전화 한 통이면 면사무소나 군청에 가서 조합원을 대신해 발급받아 집에까지 전해주는 일이었다.

마을에 상이 나면 제일 먼저 달려가는 것도 우리 조합이다. 장례사업부를 따로 두고서 상이 나면 삼우제까지 다 지내준다. 결혼식도 돈이 없으면 지원해준다. 여성대학과 실버대학 등 문화사업도 해마다 차원을 높여 하고 있다. 지금이야 어느 조합이든 널리 하는 사업이지만 우리가 처음 시작할 때만 해도 쉽지 않은 사업이었다.

"저놈은 내 머슴이다."

나는 조합원들에게 이런 말을 들을 때가 행복하다. 이런 말은 내 본분을 다했기에 들을 수 있는 말이다. 지극정성으로 사랑하면 그 사랑이 나에게 돌아온다는 평범한 진리를 실천하고 있다는 것을 조합원들이 알아준다는 것만큼 기쁜 일은 없다.

죽어도 함께 죽고 살아도 함께 산다

우리 지역의 모든 일은 거의 다 조합에서 이루어진다. 애경사를 비롯해 크고 작은 행사는 언제나 조합이 중심이다. 한마디로 지역민들의 집합 장소이자 지역 센터나 다름없다.

우리 조합은 '365일 열린 농협'을 추구한다. 우선 출퇴근부터 다른 조합과 다르다. 우리 조합은 규정된 시간보다 한 시간 일찍 출근하고 한 시간 늦게 퇴근한다. 주말과 공휴일에는 당번제로 근무한다. 지역민들이 하시라도 불편이 없도록 항상 문을 열어 놓는다.

열린 농협을 시작한 것은 국가적으로 혼란기였던 IMF 외환위기 때부터다. 외환위기는 시골이라고 해서 비껴가지 않았다. 거기에 엎친 데 덮친다고 WTO 체제가 시작되면서 거부할 수 없는 세계화의 물결이 밀려들어왔다. 수입 개방의 파고는 우리 지역도 예외가 아니었다. 이때 조합은 IMF 한파로 실패한 화훼작목반 문제로 벼랑 끝에 몰려 있었다. 사업은 미래를 예측할 수 없을 정도로 위축돼 있는 상태였고, 수렁에서 빠져나오지 못한다면 숨통이 끊어질 위기에 까지 처했다.

위기를 극복하기 위해서는 특단의 대책이 필요했다. 시름에 빠져 있는 지역민들도 살려야 했다. 나는 거창한 대책보다는 조합이 열심히 일하고 있다는 것을 보여주는 것이 위기에서 벗어날 수 있는 길이라고 믿었다. 그러기 위해서는 지역민들에게 한 걸음 더 다가가는 모습을 보여주어야 했다. 열린 농협은 그렇게 시작되었다.

처음에는 여기저기서 비난과 불만이 쏟아져 나왔다. 경제논리를 들먹이는 사람도 있었다. 열린 농협을 하면 그만큼 유지비가 더 들고 직원수당이 더 나갈 것이며, 불필요한 인력을 두어야 할 수도 있으므로 비경제적이라는 것이었다. 남들보다 더 일해야 하는 직원들도 불만을 드러냈다.

나는 그들에게 협동조합의 이념과 원칙을 생각하라고 말했다.

"어려운 사람들이 함께 뜻을 모아 잘 살자고 만든 것이 협동조합입니다. 그렇다면 조합은 지역민들이 언제라도 필요할 때 온 마음으로 곁에 있어야 합니다. 단 한 사람이라도 불편함이 없어야 진정으로 조합원을 위한 조합입니다. 지금 우리에겐 죽어도 함께 죽고 살아도 함께 산다는 정신이 필요합니다."

나는 위기를 극복하려면 당장의 어려움을 피하지 말고 더 적극적인 자세로 일하자고 호소했다. 다행히 직원들은 시간이 흐르면서 자연스럽게 나의 뜻을 받아들였다. 보이지 않는 저항도 열린 농협이 자리를 잡아가자 쑥 들어갔다.

섬기는 마음이 우리의 자세라는 것을 우리 직원들은 안다. 이런 직원들을 보는 내 마음은 뿌듯하다. 그렇다고 월급을 더 주는 것도 아니다. 일은 적게 하고 돈은 많이 받고 싶은 게 인지상정인데, 마음으로 일하는 직원들이 자랑스럽다.

협동조합은 경제논리로 운영하면 안 된다. 협동조합의 이념과 정신을 바탕으로 희생의 마음으로 운영해야 한다. 가장이 가풍을 만들어 집안을 이끌어가듯이 조합장은 직원들이 따를 수 있는 조직 풍토를 앞장서서 만들어야 한다. 나는 우리가 추구하고 있는 열린 농협이 지역사회에 새로운 환경과 풍토를 만들었다고 자부한다.

열린 농협을 실현한 나의 목표는 이제 산지유통센터(APC)를 완공하여 운영하는 것이다. APC는 선진 농업으로 가는 필수 코스다. 지금은 농산물을 수확만 잘해서는 안 된다. 유통을 잘 해야 하는 시대다. 즉 농민들이 땀 흘려 열심히 수확한 농산물을 제값으로 팔아야 한다는 것이다. 아무리 좋은 농산물이라도 제값을 받지 못하면 농촌은 제자리걸음만 할 뿐 발전이 없다. 그런 면에서 농산물의 가치를 높이는 APC는 우리 조합의 미래다.

안타까운 것은 APC를 운영하고 있는 많은 조합들이 어려움을 겪고 있다는 것이다. APC를 운영하려면 돈이 많이 들 뿐만 아니라 사업도 적자를 벗어나기 힘들기 때문이다. 우리 조합도 APC를 추진할 때 적자를 우려하는 사람들의 반대에 부딪쳤다. 무려 30~40억 원이나 투입되는 사업이다 보니 당연했다. 그러나 이런 사업이야말로 조합 본연의 사업이다.

주변의 걱정과 우려 속에 추진한 우리 조합의 산지유통센터는 올여름이면 문을 열고 가을부터는 본격적인 가동에 들어간다. 센터가 가동하면 농산물의 선별부터 저장, 가공, 포장, 유통에 이르기까지 우리 지역의 모든 농산물이 계획적으로 출하될 것이다. 품질도 향상시켜 농민들이 그토록 원하는 제값을 받도록 할 것이다. 이를 바탕으로 우리 조합은 더욱 탄탄하게 규모화를 이룰 계획이다.

나는 또 하나로마트 현대화도 추진하고 있다. 시골에 무슨 하나로마트냐고 힐난하는 사람도 있을지 모르겠다. 그러나 천만의 말씀, 경제사업을 활성화하기 위해서는 무엇보다 시설 현대화를 이루어야 한다. 언제까지 농촌이라고 점빵에서 물건을 사고팔란 말인가. 농촌이 변해야 나라가 산다.

나는 APC와 하나로마트 사업이 지역경제를 살리는 데 기여하리라 확신한다. 나는 조합장으로서 지역경제를 활성화할 책임이 있다. 그보다 나는 한 사람의 지역민으로서 합천이 발전할 수 있는 길이라면 앞장서서 하고 싶다.

합천은 해인사라는 보물을 가지고 있으면서도 발전이 더딘 편이다. 사실 일반인들은 합천하면 해인사만 떠올린다. 물론 해인사만으로도 우리에게는 큰 자산이다. 그런데 세계적인 문화유산인 해인사를 우리는 활용하지 못하고 있는 것 같아 조금은 안타깝다.

나는 해인사를 통해 떠나는 농촌에서 돌아오는 농촌으로 만들 수 있다고 확신한다. 꼭 귀농을 하여 농사를 지어야만 돌아오는 농촌이 아니다. 관광을 목적으로 사람들이 찾아오게 하는 것도 돌아오는 농촌을 만드는 길이다.

방법은 얼마든지 있다. 가장 좋은 방법은 문화사업이다. 사람들의 감성을 자극하는 산사음악회라든지 해인사 둘레길이라든지 다양한 문화사업을 통해 해인사 관광벨트를 만들면 된다고 본다. 올 가을에 열리는 '2011 대장경천년세계문화축전'은 좋은 예가 될 것이다.

해인사 문화사업이 닻을 올리면 우리 조합은 큰 역할을 할 수 있다. 우리 조합이 할 일은 해인사를 찾아오는 사람들에게 농촌의 참 모습을 보이는 일이다.

우리 지역은 청정지역이다. 공기와 물, 바람이 다른 지역에 비해 월등하게 좋다. 땅도 건강하다. 이를 밑거름으로 농사를 지을 수 있는 특화 작목을 개발하면 충분히 경쟁력이 있다. 이미 성공을 거둔 파프리카와 같은 시설 채소를 하면 성공적으로 해낼 수 있다.

합천은 약 70%가 농민인 전형적인 농촌이다. 그러므로 공장을 짓거나 하는 다른 사업보다는 청정자원을 활용한 새로운 농업을 창조해야 한다. 그것만이 고령화로 인해 공동화하고 있는 우리 지역을 살리는 길이다.

친환경농업은 부농의 꿈을 이룰 수 있는 지름길이다. 그렇게 되면 젊은이들이 다시 돌아오는 농촌을 만들 수 있다. 그리고 젊은 농군들이 지역의 특색을 살린다면 합천은 지금보다 더 빠르게 발전할 것이고, 잘 사는 농촌을 보기 위해 지금보다 더 많은 사람들이 합천을 찾을 것이다.

나는 꿈꾼다. 요람에서 무덤까지 농민이 행복한 낙원을. 이 꿈을 이루지 못할 게 없다. 나는 우리 조합과 더불어 희망의 역사를 쓰고 싶다.

제4장

나는 매일 거울 앞에 선다

자식도 못 하는 걸 자네가 해주는구먼

　　"아니 어르신들이 주신다고 넙죽 받아오면 어떡해요? 어르신들이 얼마나 힘들게 일하시는데 그걸 모르는 사람도 아니면서."

　　때때로 나는 아내에게 이런 타박을 듣는다. 어르신들이 나를 생각해 주시는 선물을 받아서 집으로 가져가면 어김없이 나오는 소리다.

　　"이 사람아, 어르신들이 마음으로 주시는 걸 어찌 거절하나. 이거 먹고 더 열심히 하라는 말씀인데 당연히 고맙게 받아야지."

　　매번 나를 타박하지만 아내도 어르신들이 주시는 선물을 고마워한다. 다만 어르신들이 밤낮없이 힘들게 일하는 걸 잘 알기 때문에 그런다. 겉으로는 잔소리를 하면서도 속으로는 좋아서 얼굴을 보면 웃음꽃이 피어 있다.

조합장으로 일하면서 가슴이 뭉클할 때가 많다. 이제는 기력이 다해 손에서 일을 놓고 편안히 사셔야 하는 어르신들이 들로 산으로 다니면서 캐온 산나물을 나에게 가져와 먹으라고 내밀 때는 마음이 아리다. 평생을 좋은 옷 한 번 못 입고 늘 일만 하는 분들이 검은 비닐봉지를 손에 들고 조합에 들어서는 것만 봐도 울컥할 때가 많다.

산나물도 그냥 가져오시지 않는다. 언제나 먹기 좋게 다듬어서 그 중 가장 좋은 것으로만 골라서 가져 오신다. 해마다 한 번도 거르지 않고 파릇한 새싹이 올라오는 봄이 되면 산나물을 뜯어서 가져오는 할머니도 계신다. 여든을 바라보는 할머니 한 분은 내가 두릅을 좋아한다고 때만 되면 친히 가져오신다. 고사리를 말려서 제사때 쓰라고 가져오는 분도 있고, 애호박이 몸에 좋다며 가져오는 분도 있다.

어르신들은 집으로도 찾아오신다. 참기름을 고소하게 짜서 아내에게 가져오는 할머니도 있다. 내가 조합을 비우고 없으면 내친걸음 돌리지 않고 꼭 집에 들러서 아내에게 주고 가신다. 어쩌다 산짐승이라도 잡으면 쓸개를 가져오는 어르신도 있다. 그럴 때마다 나는 고마우면서도 마음이 아프다.

나는 어르신들이 다녀가면 바로 집으로 달려간다. 음식으로 만들어 마음으로 가져오신 어르신들의 기운을 먹기 위해서다. 나를 생각하는 어르신들의 마음처럼 세상에서 가장 맛있는 음식도 없다. 이분들이 주신 산나물은 황금으로도 살 수 없는 보약이다. 이럴 때는 5분도 안 걸리는 지척에 집이 있다는 것이 참 좋다.

지극한 사랑을 주시는 분들도 많다. 몇 해 전 세상을 떠나신 한 어르신은 농사도 짓고 양봉도 하셨는데, 꿀을 따면 설탕이 하나도 안 섞인 진짜 꿀을 가져오곤 하셨다. 우리 지역에서 제일 골짜기에 자리한 죽전에 살던 분이셨는데, 조합에 처음 들어와 서기를 할 때부터 아들처럼 나를 챙겨주신 분이다. 어르신은 조합에 들르면 늘 잘해야 한다고 격려하며 따뜻한 사랑을 주셨다.

젊은 시절 군청에서 근무했던 한 어르신은 나를 보는 재미로 조합에 오신단다. 애정이 참 많은 분이신데, 나를 보고 가면 기분이 좋아진다고 하신다. 지금도 종종 찾아와 세상 돌아가는 이야기와 함께 조합을 어떻게 운영해야 하는지 조언도 잊지 않고 들려주신다.

어르신들은 나에게 모두 어머니, 아버지이시다. 이런 어르신들을 위해 나는 문화사업에 공을 많이 들인다. 특히 우리 군에서 처음으로 시작한 장수대학은 어르신들의 잔치가 되도록 프로그램을 짠다. 형식적인 내용을 지양하고 실질적으로 필요한 지식 위주로 프로그램을 짜는데, 전문 강사들을 초빙해 배움이 부족한 어르신들의 한을 풀어드리고 있다.

지금은 '문화실버대학'이라고 이름을 바꾼 장수대학은 교육과정을 마치면 특별한 수학여행을 간다. 평생 마음에 간직할 수 있는 추억을 만들어 드리고 싶어서인데, 특강과 온천 여행 등 모든 일정을 마친 마지막 코스는 나이트클럽에서 마감한다.

흙에서 나서 흙밖에 모르고 사신 어르신들은 나이트클럽이란 곳을 잘 모른다. 우리 민족은 어깨춤이 일상인 민족이다. 기쁠 때는 춤으로 신명을 돋우고 슬픔도 춤으로 승화하며 푼다. 춤에는 즐거움도 있지만 한도 서려 있는 것이다. 이러한 춤의 미학을 젊은 세대보다 어르신들이 더 잘 안다. 농번기나 수확기에 논이건 마을이건 한판 신명을 춤으로 풀어내는 깊은 내면에는 삶의 희로애락이 진하게 배어 있다. 그 삶의 춤을 나이트클럽이라는 별천지에서 마음껏 풀어드리고 싶어서 프로그램을 일부러 그렇게 짠다.

나이트클럽을 빌릴 때는 우리만의 한 판 축제를 만들기 위해 통째로 빌린다. 시시한 곳은 빌리지 않고 제법 규모가 있는 곳을 택하고, 사전에 음악인들까지 섭외하여 그날만큼은 100% 어르신들의 날이 될 수 있도록 준비한다. 이분들이 즐겁게 노실 수만 있다면 비용이 전혀 아깝지 않다.

나이트클럽이 생소한 어르신들은 처음에는 선뜻 판을 벌이지 못하신다. 당연하다. 이때 나는 직원들과 함께 바람을 잡는다. 그렇게 분위기가 무르익으면 언제 그랬냐는 듯 신명난 판이 벌어진다. 이 날만큼은 나도 복잡한 일을 다 내려놓고 어르신들과 어울려 논다.

그런데 춤판의 끝은 꼭 눈물이다.

"여보게 이 사람, 자네 아니면 우리가 언제 이런 데 와보겠나. 고 맙네, 정말 고맙네. 자식도 못 하는 걸 자네가 다 해주는구먼."

내 손을 꼭 잡고 말씀을 주시는 어르신들의 얼굴을 들여다보면 어느새 이슬이 맺혀 있다. 그 얼굴을 보고 있으면 나도 마음을 추스 르지 못하고 눈물을 쏟고 만다.

아무런 형식도 없는 막춤을 추시며 잠시나마 시름을 잊고서 젊은 마음으로 돌아가는 어르신들을 보는 게 나는 좋다. 고되게 살아온 세월을 다 풀려는 듯 눈물을 흘리며 어깨춤을 덩실거리는 어르신 들, 그 어르신들이 있기에 오늘날 가야농협이 있고 내가 있다.

아, 생각만 해도 참 좋은 당신

어느 봄날

당신의 사랑으로

응달지던 내 뒤란에

햇빛이 들이치는 기쁨을

나는 보았습니다.

어둠속에서 사랑의 불가로

나를 가만히 불러내신 당신은

어둠을 건너온 자만이

만들 수 있는

밝고 환한 빛으로

내 앞에 서서

들꽃처럼 깨끗하게

웃었지요.

아,

생각만 해도

참 좋은 당신.

시인 김용택의 '참 좋은 당신'이란 시다. 이 시는 내가 근무하는 조합장실에 걸려 있다.

몇 해 전 반가운 지인이 나를 찾아왔다. 손에는 큼지막한 선물을 들고 있었다. 한눈에 봐도 포장이 정성스러웠다. 나는 포장을 벗기고 선물을 보고는 놀라고 말았다. 한 편의 시를 곱게 서각을 한 것이었는데, 작품을 만들기 위해 공을 들였을 지인의 마음을 생각하니 너무나 고마웠다.

작품 한가운데에는 제목이 큼지막하게 새겨져 있었다. 제목은 멀리서 봐도 한눈에 보일 만큼 컸다. 참 좋은 당신, 나는 이 제목에 반하고 말았다.

"제목만 들여다보고 있지 말고 시도 읽어보세요."

지인의 말에 나는 제목 양 옆으로 가지런히 새겨놓은 시를 읽어보았다. 제목만큼이나 시가 잔잔하게 들어왔다.

"정말 좋네. 마지막 구절이 마음에 탁 들어오네. 생각만 해도 참 좋은 당신. 아, 정말 좋다."

나는 이 시를 어디에 걸어놓을까 생각하며 조합장실을 한 바퀴 둘러보았다. 마침 한 군데가 눈에 들어왔다. 거기라면 이 시를 걸어놓을 맞춤한 자리일 것 같았다. 바로 내 책상 정면에 있는 벽이었다. 시를 책상 정면에 걸어놓으면 언제 어느 때든 고개만 들면 볼 수 있었다.

나는 일을 하다가도 이따금 고개를 들어 시를 본다. 마음이 무겁고 힘든 일이 있을 때 더 그러는데, 시를 보고 있으면 절로 힘이 난다. 내 눈에 들어오는 참 좋은 당신, 제목만 봐도 힘겨운 마음이 봄날 눈이 녹듯 스르르 녹아버린다.

이 시를 보면서 나는 참 좋은 당신을 생각한다. 이 시에서의 참 좋은 당신은 그리운 님이다. 사랑하는 님. 나에게도 참 좋은 당신은 그리운 님이고, 사랑하는 님이다. 아버지와 어머니, 아내, 그리고 내가 사랑하는 모든 사람들이 참 좋은 당신이다. 우리 조합의 모든 조합원들과 지역민들이 참 좋은 당신이다.

시인은 '당신의 사랑으로 응달지던 내 뒤란에 햇빛이 들이치는 기쁨을 보았다'고 노래한다. 시인이 노래한 것처럼 나는 우리 조합원들의 사랑으로 햇빛을 받는 기쁨을 얻었다.

시인은 또 '당신은 어둠을 건너온 자만이 만들 수 있는 밝고 환한 빛으로 내 앞에 서서 들꽃처럼 깨끗하게 웃었다' 고 노래한다. 우리 조합원들 역시 숱한 어둠을 건너왔고, 그 어둠을 극복하고 밝고 환한 웃음으로 내 앞에 서서 웃고 있다. 나는 들꽃처럼 순수한 조합원들을 보면서 일하고 있고, 이 순수함을 영원히 지키기 위해 노력하고 있다. 그리고 보면 이 시는 꼭 나의 마음을 노래한 것 같다.

이 시를 읽고 있으면 노래 하나가 떠오른다. 윤복희의 '여러분' 이다.

네가 만약 괴로울 때면 내가 위로해줄게
네가 만약 서러울 때면 내가 눈물이 되리
어두운 밤 험한 길 걸을 때
내가 내가 내가 너의 등불이 되리
허전하고 쓸쓸할 때 내가 너의 벗되리라

나는 너의 영원한 형제여
나는 너의 친구여
나는 너의 영원한 노래여
나는 나는 나는 나는 너의 기쁨이여

노랫말이 너무도 절절한 이 노래를 나직이 부르고 있으면 나는 정말 행복한 사람이구나 하는 생각이 든다. 맨 마지막 가사를 읊조릴 때는 나도 모르게 눈물이 핑 돈다.

내가 만약 어려울 때면 누가 날 위로해주지?
여러분.

행복에는 세 가지 조건이 있다고 한다. 즐거움과 몰입, 진실이란다.

나는 이 세 가지 조건을 모두 갖추었다고 생각한다. 조합원들을 위해 일하니 즐겁고, 조합 발전과 더불어 우리 지역을 잘 사는 지역으로 만들기 위해 열정을 바치고 있고, 나 자신에게는 물론 어느 누구에게도 한 점 부끄러움 없으니 진실하다고 자부한다. 나는 감히 내 생을 이렇게 걸어왔노라 떳떳하게 말할 수 있다. 그래서 나는 행복하다.

나는 이 행복을 우리 조합과 함께 살면서 얻었다. 조합원들과 함께 나누면서 얻었다. 조합원들은 내가 괴롭고 외로울 때 벗이 되어 눈물을 흘려주었고, 어둡고 험한 길을 걸을 때는 등불이 되어 주었다. 나 또한 그랬다고 생각한다. 우리는 서로에게 기쁨이고, 벗이고, 형제다.

참 좋은 당신.

아, 생각만 해도 참 좋은 당신.

나는 당신을 사랑합니다.

모르시는 말씀, 1분 1초도 아까워요

　　나는 재미없는 사람이다. 하루를 꼭 짜여진 일정에 따라 살기 때문이다.

　나는 아침 다섯 시면 어김없이 일어난다. 일어나서는 우리 집 뒤로 앉아 있는 매화산을 오른다. 산책이라기보다는 등산에 가깝다. 서울 출장이나 특별한 일이 있는 경우를 빼고는 매일 산에 오른다.

　산에 다녀오면 아침 일곱 시 정도 된다. 두 시간 정도 등산을 하는 셈인데, 그 시각이면 여름에는 날이 밝아오지만 겨울에는 아직도 어두울 때가 많다.

　등산을 마치고 집에 오면 상쾌한 기분으로 샤워를 하고 아내가 만들어주는 선식으로 간단히 아침을 먹는다. 그리고 집에서 5분 거리에 있는 사무소로 출근을 한다. 여덟 시가 되기 전이다.

조합에 출근하면 제일 먼저 일기를 쓴다. 나는 일기를 아침에 쓴다. 어제 일을 기록하며 하루를 돌아보고, 오늘 할 일을 기록한다.

아침에 쓰는 일기는 에너지라고 말하고 싶다. 저녁에 쓰는 일기보다 일상을 더 풍요롭게 만든다. 얼마 전 탤런트 김수미 씨가 일기를 아침에 쓴다며, 일기를 저녁에 쓰면 반성만 하게 되고 아침에 쓰면 하루 계획을 세우게 된다고 했는데, 나도 같은 생각이다. 아침에 쓰는 일기는 자신에 대한 반성과 성찰을 넘어 새로운 계획을 세우는 '드림 플랜'과 같다.

내가 쓰는 일기는 나만의 기록이 아니다. 조합의 기록이기도 하다. 매일 업무일지처럼 쓰기 때문인데, 이런 일기를 20여 년 동안 이어오고 있다.

일기까지 다 쓰고 나면 하루가 시작된다. 이때부터는 바쁜 일과의 연속이다. 퇴근을 할 때까지 잠시도 쉴 틈이 없다. 아니, 쉴 틈이 없는 게 아니라 워낙 시간을 철저하게 관리하는 성격이라서 여유 시간이 별로 없다. 빈 시간 없이 하루를 계획하고 거기에 따라 행동하고 실천한다.

이런 나를 보면 이렇게 말할지도 모르겠다.

"인생을 빡빡하게 살지만 말고 좀 즐기면서 사세요. 재미있게 살아야 일도 재미있잖아요."

맞는 말이다. 하지만 나는 이렇게 답하겠다.

"모르시는 말씀, 내가 얼마나 재미있게 사는 줄 모르지요? 보기에는 철저하게 빈틈없이 사는 것 같지만 천만에요, 너무 재미있게 살고 있어서 1분 1초도 아까워요."

그렇다. 나는 충분히 재미있는 삶을 살고 있다. 하루하루가 즐겁다. 등산과 아침에 쓰는 일기, 조합에서의 시간들이 내게는 모두 축복이다. 특히 나는 나 혼자만의 시간인 아침 산행이 제일 즐겁다.

산에 오르기 위해 새벽에 집을 나서면 부모님 산소부터 찾는다. 산소에 가면 먼저 잔을 올리고 절을 드린다. 그리고 어제 있었던 일과 오늘 할 일을 말씀드린다. 이런 식이다.

"아버지 어머니, 어제는 저를 아들처럼 아껴주시는 어르신이 조합에 들르셨어요. 대구에서 학교를 다닌다는 손자가 공부를 썩 잘한다며 무척 좋아하시더라구요. 이제 곧 팔순이신데 아직도 정정하셔서 농사도 끄떡없다고 말씀하시는 걸 보면서 얼마나 기분이 좋았는지 몰라요. 어르신을 보고 있으니 아버지 생각이 더 간절했어요.

오늘은 우리 조합 이사회가 있어요. 이사회 때마다 느끼는 거지만 임원들이 저를 믿고 성원해 주셔서 너무 고마워요. 그 믿음에 답하기 위해서라도 오늘 하루도 더욱 열심히 일하겠습니다."

나는 아버지에게 숨기는 것이 없다. 어제 저녁 늦도록 술을 마셨으면 술을 마셨다고 말씀드린다. 조합원들과 어울려 오랜만에 화투를 치고 놀았으면 그대로 말씀드린다. 잘못한 일이 있으면 다시는 그런 잘못을 하지 않겠노라 다짐을 하고, 직원회의에서 무슨 이야기를 할 것인지도 세세하게 말씀드린다. 말씀을 드리는 끝에는 늘 꺾이지 않는 용기와 지혜를 달라고 한다.

나에게 아버지는 신앙이고 철학이다. 오늘날의 나를 있게 한 아버지에게 나는 무한한 사랑을 받았다. 평생을 다해도 나는 아버지가 주신 사랑을 갚을 수 없다.

아침 참배는 아버지가 돌아가신 뒤부터 24년 동안 거르지 않고 해왔다. 어쩌다 일이 있어 참배를 하지 못하면 하루가 내내 불안하다. 업무를 보다가도 일이 잘 안 풀리면 나는 아버지를 찾아간다.

부모님 산소에는 언제나 술이 있다. 처음에는 술을 사가지고 갔는데 이제는 상석 밑에 술잔과 함께 놓아두고 있다. 마을 사람들도 다 아는 일이라서 길을 가다가 산소에 앉아 잡숫고 가는 분들도 있다. 지금은 아예 댓병을 갖다 놓는다. 잠시라도 앉아서 한잔 술과 더불어 쉬어갈 사람들을 생각하면 마음이 좋다.

참배를 마치면 산을 향해 발걸음을 옮긴다. 두 시간 정도의 코스다. 처음 50분 정도는 계속 오르막이다. 이때는 무념무상 아무 생각이 없다. 기분도 최고로 좋다. 생각 없이 오로지 걷기만 하는 즐거움을 아는 사람은 알 것이다.

오르막을 다 오르면 평지가 계속되는 오솔길이다. 이 길을 20분 정도 걷는다. 숲이 꽉 찬 산길에 외진 곳이라 인기척이라고는 전혀 없다. 겨울에는 앞이 안 보일 정도로 깜깜해서 전등이 없으면 걷기가 힘들다.

오솔길을 걸으며 숨을 조금 돌렸다 싶으면 노래를 부른다. '어둠을 깨고 산들아 일어나라!' 하는 마음으로 소리쳐 부른다.

제일 처음 부르는 노래는 애국가다. 조국이 없다면 나도 없다. 나를 있게 한 대한민국, 이 나라를 위해 몸과 마음을 다 바치겠다는 의지를 애국가를 부르며 새긴다. 다음은 농협의 노래를 부른다.

강산도 아름답다 기름진 터전
여기서 나고 자란 정든 내 고향
이 땅은 피땀고인 농민의 나라
우리는 주인이다 힘차게 살자

대대로 누려갈 생활의 터전
불리자 우리 살림 우리 손으로
웃음과 희망 속에 커가는 마을
이루고야 말리라 문화의 낙원

협동의 깃발 아래 한 데 뭉치자

농촌이 살아야만 나라가 산다

농협의 노래를 부를 때는 꼭 힘이 들어간다. 노래를 부르면서 농민을 위한 역사를 쓰겠다는 다짐이 절로 들어서이다. 행복한 삶을 살게 해준 농협에 대한 감사와 더불어 농민을 위해 내가 해야 할 일들을 이 노래를 부르며 새긴다.

그런데 때로는 슬프기도 하다. 이 노래가 만들어진 게 언제인데 아직도 현실은 가사처럼 낙원이 아니란 말인가! 이런 현실이 나를 슬프게 한다. '이 땅은 피땀고인 농민의 나라, 우리는 주인'이라는 노랫말은 언제 이루어질까? 서글프기만 하다.

'대대로 누려갈 생활의 터전, 이루고야 말리라 문화의 낙원', 이 구절은 가슴 깊숙이 스며들어 있는 나의 사명이다. 내가 태어나 살고 있는 이 터전을 아름다운 낙원으로 만드는 것, 하늘이 주신 명이다. 그래서 이 노래는 부르면 부를수록 더욱 힘차게 터져 나온다.

그 다음은 어버이 노래와 어머님 은혜를 차례로 부른다.

"나실 제 괴로움 다 잊으시고 기를 제 밤낮으로 애쓰는 마음, 진자리 마른자리 갈아 뉘시며 손발이 다 닳도록 고생하시네. 하늘 아래 그 무엇이 넓다 하리오. 어머님의 희생은 가이없어라……."

이 노래는 눈물 없이 부를 수 없다. 그러나 나는 될수록 큰소리로 부른다. 이른 새벽 산길을 걷고 있는 자식이 노래를 부르며 눈물이나 찔끔거리면 하늘에서 보고 계실 부모님 마음이 얼마나 아프시겠는가. 아버지 어머니란 말만 나와도 눈물을 흘릴 정도로 여린 자식을 부모님은 바라지 않을 것이다.

그 다음부터는 동요와 가요를 이어서 부른다. 가요는 모두 고향과 흙에 대한 노래다. '꽃밭에서'부터 시작해 아내와 자식들을 생각하고, '고향 땅'과 '흙에 살리라'를 이어 부르면서 우리 마을과 사람들을 생각한다.

홀로 산길을 걸으며 노래를 부르는 시간이 나는 참 좋다. 온전한 나만의 시간, 그 시간만으로도 나는 하루가 충만하고 행복하다.

나중에 할 일을 다 끝내고 손에서 일을 놓는다면 나는 원 없이 산에 다닐 생각이다. 마음과 발길이 닿는 곳으로 정처 없이 다니면서 자연과 벗하고 싶다. 산은 나에게 위안이요, 즐거움이다. 산에 오르는 기쁨은 세상 무엇과도 바꿀 수 없다.

아침 산행은 나의 하루를 힘차게 만든다. 그 기운으로 나는 하루를 재미지게 산다. 아무리 어렵고 힘든 일도 산에서 받은 기운으로 이겨낸다.

그렇게 하루를 마치고 사람들과 어우러져 마시는 막걸리는 세상에 둘도 없는 미주(美酒)다. 거기엔 의미도 필요 없고 목적도 없다. 다만 사람들이 있을 뿐이다. 이 얼마나 아름다운가.

세상을 사는 것처럼 재미있는 것은 없다. 나는 세상이 재미있고, 세상은 나를 재미있게 한다. 이런 재미는 죽는 날까지 떠나지 않을 것이다.

미안하다, 그리고 사랑한다

나는 가끔 아내에게 이런 핀잔을 듣는다.

"사람이 모질 때는 모질어야지 왜 그래요? 공과 사는 확실한 사람이 맨날 당하기나 하고. 알다가도 모르겠네."

어떨 때는 딱하다는 듯 이렇게 말하기도 한다.

"그런다고 누가 알아줘요? 얼마나 쓰라린지 당신 마음을 사람들이 알기는 하는 거냐구요."

나의 가장 큰 단점은 거절을 못 한다는 것이다. 나는 사람들을 내 마음같이 믿는다. 그런데 사람들은 나와 같지 않은가보다. 때로는 나의 믿음을 저버린다. 그럴 때면 쓰라린 마음을 홀로 달래고 만다. 이럴 때 아내는 핀잔을 준다.

"허허, 이 사람 또 시작이네. 이런 노래도 있지 않은가, 사람이 꽃보다 아름다워. 사람들이 오죽하면 나를 찾아오겠는가? 그런 사람들을 외면하면 벌 받네."

열길 물속은 알아도 한 길 사람 속은 모른다고 했다. 그래서 사람을 볼 때는 먼저 속을 보아야 한다. 그러나 나는 속을 보지 않는다. 처지를 먼저 본다.

사람들은 이런 나를 보고 바보라고도 한다. 내가 생각해도 참 바보 같다. 허나, 바보면 어떠랴. 나를 찾아오는 사람부터 살려야 마음이 편하니 말이다.

나는 의리와 신의를 제일 중하게 여긴다. 의리와 신의는 나를 만든 덕목이다. 나는 한 번 준 마음은 쉽게 거두지 않는다. 약속은 천금같이 생명보다 더 중하게 여긴다. 때로는 거짓말도 하고 그래야 하는데 그런 기술이 나에게는 없다. 있는 대로 솔직히 살아야지 마음이 편하다.

물론 서운할 때도 있다. 서운하다 못해 화가 날 때도 있다. 그럴 때면 그냥 술한잔 마시고 털어낸다. 마음에 쌓아두고 원망해봤자 나만 아플 뿐이다.

나는 스스로 엄격하려고 노력하는 사람이다. 매사 일도 공과 사는 철저하게 구분한다. 인정을 베풀 때도 사리분별을 먼저 하는 편이다. 스스로 엄격하지 않으면 수신(修身)하고 제가(齊家)하지 못한다는 것을 나는 안다. 치국평천하(治國平天下)는 바라지도 않는다. 사내로 태어나 수신제가만 해도 세상에 태어나 사는 값은 다했다고 생각한다.

스스로는 엄격한 내가 사람들의 청을 거절하지 못하는 것을 보면 참 이상하다. 분명 안 되는 일인 줄 알면서도, 도와줘봤자 돌아오는 마음 없으리라는 것을 알면서도 어떡하든 해결책을 찾아주려고 기를 쓴다. 나에게 피해를 입혔던 사람이 찾아와도, 전에 도와주었는데 언제 도움을 받았냐는 듯 고맙다는 말은커녕 마음에 상처를 준 사람이 다시 찾아와도 받아들인다. 왜? 그들은 나밖에 기댈 데가 없으니까. 내가 외면하면 더 큰 일을 당해 곤경에 빠질지도 모르는데 어찌 보고만 있을까. 나는 그럴 자신이 없다.

나는 긍정의 힘을 믿는다. 내가 진실하고 정직하면 하늘이 반드시 대가를 준다고 생각한다. 실제로 나는 큰 선물을 받기도 했다.

나에게는 부모님이 물려주신 땅이 제법 있다. 그 중 상당한 부분은 지역과 사람들을 위해 썼지만 아직도 조금은 가지고 있다. 그 땅 가운데 특별히 아끼는 땅이 있다.

이 땅은 쓸모없는 땅이나 마찬가지였다. 옛날에는 실한 논이었는데, 하천 옆에 있다 보니 세월이 흐르면서 어찌하다 도랑으로 변해 사라지다시피 했었다. 그런데 10여 년 전 어느 날 아침, 깜짝 놀랄 일이 벌어졌다. 사라졌던 땅이 마치 환생이라도 한 듯 예전 모습

그대로 살아났다.

　사정은 이렇다. 그 무렵 태풍이 마을을 휩쓸고 지나갔다. 집중적인 폭우를 동반한 태풍이었다. 전국을 강타한 태풍은 며칠 동안 기승을 부렸다. 그러더니 기운을 다 잃고 자취도 없이 물러났다. 그런데 이게 웬일인가, 한바탕 태풍이 휩쓸고 지나간 자리에 사라졌던 땅이 예전 모습 그대로 나타난 게 아닌가! 상처를 어루만지듯 내려쪼이는 찬란한 태양을 받으며 나타난 땅은 그 어디에도 없는 옥토(沃土)처럼 보였다.

　물은 제 길을 찾아간다는 말이 있듯이 폭우가 휩쓸고 지나간 뒤 도랑이 원래의 자리를 찾으면서 사라졌던 논은 감쪽같이 복구가 되었다. 나는 얼마나 기뻤는지 모른다.

　"아이고 아버지, 이게 웬 조화랍니까! 사라졌던 논이 다시 나타났네요. 고맙습니다, 정말 고맙습니다!"

　너무나 기쁜 나머지 나는 하늘을 보며 소리쳤다. 이 논은 지금 제방도 쌓고 잘 가꾸어서 재산목록 1호가 되었다.

　베푼 만큼 받는다, 하늘은 스스로 돕는 자를 돕는다. 나는 이 말을 한 번도 의심한 적이 없다. 마치 죽은 줄 알고 있었던 자식이 살아 돌아온 듯 내 앞에 나타난 그 논도 베푼 만큼 하늘이 주신 것이다.

　그렇다고 무엇을 바라고 베풀지는 않는다. 보답을 바라고 도와준 적도 없다. 그저 좋아서, 내가 편하려고 한다. 상처 받고 배신을 당할지라도 허허, 웃고 나면 속이 편하다.

하지만 나는 가족에게는 그렇게 하지 못했다. 아내에게는 더 그렇다. 사람들에게는 관대하면서 가족들에게는 모질게 굴었다. 어지간하면 그냥 보아 넘길 일도 가족이라면 엄격했다. 아이들도 어려서부터 강하게 단련시켰고, 내 말이 곧 법이었다.

누가 뭐래도 나는 빵점 남편이다. 농협에 몸담고 지금까지 조합일에만 전념할 수 있었던 것은 다 아내 덕이다. 그 많은 세월 아내는 가시밭길을 걷는 나를 내조하느라 나보다 더한 고통을 당했으리라.

나는 안다. 아내의 헌신이 나를 있게 한 것을. 나는 살면서 한 번도 고맙다는 말을 하지 못했다. 있다면 딱 한 번 있다.

2003년 초여름, 나는 분에 넘치게 석탑산업훈장을 받았다. 마을에서는 경사가 났다며 훈장을 받고 내려오자 전수식을 따로 해주었다. 우리 마을 중학교 강당에서 했는데, 사람들 앞에서 인사말을 하다가 울고 말았다. 아내를 향해 고맙다는 말을 하는 순간 나를 보고 있는 아내와 시선이 마주치면서 쏟아지는 눈물을 주체할 수 없었다.

나의 영광 뒤에는 아내가 있다. 그런 아내에게 나는 사랑한다는 말 한마디 하지 않고 살았다. 고맙고 감사하다고 손 한 번 따뜻하게 잡아주지 않았다.

지금도 나는 아내에게 사랑한다는 말을 못한다. 해외 연수를 가면 쓰는 편지에는 사랑한다는 말을 쓰기도 하지만 마주앉아서는 정다운 말 한마디 건네지 못한다. 자상하지도 않다. 남에게는 잘하는데 왜 그러는지 모르겠다.

은혜를 입으면 보은을 할 줄 알아야 한다. 그게 사람의 도리다. 이를 저버리면 언젠가는 대가를 치른다. 내가 아는 세상의 진리다.

아내에게 받은 것을 생이 다하는 날까지 갚으리라.

나를 만나 한 번도 내 앞을 가로막은 적 없는 아내, 나를 대신해 살림을 꾸리고 가정을 지켜온 아내, 숱한 시간 가슴 저미는 세월을 살았을 아내.

미안하다, 그리고 사랑한다.

애농(愛農)이 나의 삶이고 미래다

"우리 민족의 영산을 오르는 날, 다들 기대에 가득한 설렘으로 지프차에 몸을 실었다. 차는 정상을 향하여 달려갔고, 드디어 백두산 정상에 올랐다. 우리는 모두 감격에 겨워 감탄사를 내뱉었다.

벅찬 가슴으로 멀리 북한 땅 초소와 산봉우리들을 바라보았다. 눈으로는 볼 수 있지만 몸은 가볼 수 없는 현실이 무척이나 안타까웠다. 언젠가는 백두산 영봉에 서서 민족통일의 한을 풀 수 있으리라 믿는다.

나는 억만년을 한결같이 민족정신을 지킬 수 있도록 묵묵히 자리하고 있는 백두산과 대자연에 머리를 숙였다. 매사에 부족한 나의 삶에 지혜와 용기를 주실 것이라 믿으면서 감사의 마음을 가졌다.

나는 우리 농민과 농촌을 위하여 몸과 마음을 다 바쳐 일을 할 책임이 있다. 미래의 새 역사 창조에 지금보다 더욱 몸을 던져야 한다.

나는 이 한 목숨 다 바쳐 우리 농민과 농촌을 위해 일할 것이다. 사랑하는 농민들의 진실한 심부름꾼이 될 것이다. 애국(愛國), 애족(愛族), 애농(愛農)이 나의 삶이고 미래다."

백두산으로 연수를 갔을 때 쓴 일기다. 민족의 영산 백두산에 오르던 날의 감격은 지금도 잊을 수 없다. 가슴속에서부터 뭉클한 것이 솟아올랐고, 벅찬 감동은 연수를 마치고 돌아와서도 사라지지 않았다.

백두산은 개방하자마자 다녀왔다. 나는 백두산 연수 때 조선족들이 사는 모습을 볼 수 있었다. 사람들은 우리나라의 50년대 수준보다도 더 참혹한 환경에서 살고 있었다. 그때는 겨울이었는데, 행색이 말이 아니었다. 이런 환경에서도 사람이 살고 있구나 하는 생각만 들었다. 그나마 연변의 조선족은 북한 동포들보다 나은 환경에 살고 있다고 했다. 그 말을 들으며 북한 동포들이 얼마나 처참하게 살고 있는지 모습을 보지 않아도 절절이 느낄 수 있었다.

나는 금강산에도 다녀왔다. 금강산에서도 북한의 현실을 볼 수 있었다. 거기서도 나는 백두산에서 본 것과 똑같은 모습을 보았다.

당시 평통위원으로 갔던 나는 북한의 특별한 예우와 만찬을 받았는데, 헐벗고 굶주리고 있을 동포들 생각에 음식을 먹는 게 죄를 짓는 기분이었다.

금강산에 갔을 때는 봄이었다. 북녘에도 만물이 소생하는 춘삼월이 어김없이 찾아왔는데, 나는 들에서 일하는 소를 보고 깜짝 놀랐다. 소가 비쩍 마른 것이 정상이 아니었다. 그걸 보면서 사람들은 오죽할까 하는 생각에 탄식만 나왔다. 또 농사라고 지은 것은 차마 눈을 뜨고 볼 수 없었다.

나는 통일의 물꼬를 트기 위해서는 남북농업교류부터 해야 한다고 생각한다. 농업교류는 단순한 기술적인 교류가 아니다. 사람과 사람이 만나는 인적 교류다.

남북농업교류는 90년대부터 시작된 남북교류협력의 대표적 성과 중 하나라고 할 수 있다. 이를 통해 우리는 북한의 식량 부족 사태를 어느 정도 완화하며 농업생산력을 복구하는 데 일정한 기여를 했다고 본다. 그러나 지금은 교류협력이 거의 중단된 상태에 있다. 농업교류가 정치군사적인 남북관계에 종속될 수밖에 없기 때문이다.

농업교류는 한반도의 긴장이 높아갈수록 더욱 해야 한다. 지금 북한의 식량난은 그 어느 때보다 심각한 지경이다. 배고픔을 견디지 못하고 탈주하는 동포들이 속출하고 있고, 드러나고는 있지 않지만 북한 사회는 점점 혼란에 빠져들고 있다. 북한의 권력자들이 죽기 아니면 살기 식으로 국제사회에 대항하고 있는 것을 보면 그 속이 훤히 보인다.

이런 상황은 통일에 결코 도움이 되지 않는다. 최악의 경우 우리도 위험해진다. 그러므로 우선은 북한이 먹고 살 수 있도록 해주어야 한다. 지원할 건 지원하고 동포들을 살려가며 공존을 해야 평화통일의 길로 갈 수 있다.

남북농업교류는 농협이 나서서 주도해야 한다. 예전에는 중앙회가 종축장을 만들어 씨돼지를 길러서 분양해주는 등 농업교류를 하기도 했었다. 지금은 중단된 상태에 있는데, 이제라도 적극적이고 획기적인 방법으로 교류에 나서야 한다.

농업교류는 북한이 자체적으로 농업생산력을 복구할 수 있도록 지원하는 데 우선순위를 두어야 한다. 그래야만 식량 문제를 스스로 해결할 수 있다. 식량 문제가 해결되지 않으면 교류는 이루어질 수 없다. 이 문제가 해결되고 농업생산력이 복구되면 본격적인 교류와 협력을 할 수 있을 것이다. 그러면 개성공단처럼 남북이 경제사업도 할 수 있고, 나아가 농업공동체도 만들 수 있다.

나는 농업교류를 통해 남북한 농민들이 한마음으로 어우러질 거라고 믿는다. 이 어울림이 민족의 숙원인 통일을 앞당길 것이라고 확신한다.

농자천하지대본(農者天下之大本)이라 했다. 농심(農心)은 곧 민심이요, 천심이다. 북한이라고 해서 다를 게 없을 것이다. 남북한 농민들이 서로 오가며 닫혔던 마음을 열 때 비로소 남북 간의 빗장도 풀 수 있다. 함께 나누고 어우러지는 농민들의 끈끈한 정이 쌓이고 쌓이면 머지않아 통일의 노래가 한반도에 울려 퍼질 것이다.

기회가 주어진다면, 나는 북한의 농업을 돕고 싶다. 나는 먼저 영농 방법부터 교류할 것이다. 기계화와 과학영농을 지원하여 먹고 살 수 있는 토대를 만들어주고, 영농기술도 전수하고 시설 현대화도 도울 것이다. 고기를 잡아서 주는 것이 아니라 고기를 잡을 수 있는 방법을 전해주겠다는 마음이다.

중단된 남북농업교류가 하루라도 빨리 이루어졌으면 좋겠다. 우리 농협이 교류와 협력을 주도하여 통일의 밑거름이 된다면 바랄 게 없겠다. 남북의 농민들이 하나가 되어 덩실덩실 통일의 춤을 추는 그날을 마음으로나마 그려본다.

젊은 농협인들에게

공자는 《논어》에서 '나이 서른에 이립(而立)하고 마흔에는 불혹(不惑)이라'고 하였다. 30세를 말하는 '이립'은 '모든 기초를 세우는 나이'를, 40세를 말하는 '불혹'은 '사물의 이치를 터득하고 세상일에 흔들리지 않을 나이'를 뜻한다. 그러므로 공자가 말한 뜻은 '서른에 바로 서야 마흔에 흔들림이 없다'는 것이다.

30대는 사회적인 성공을 꿈꾸는 시기이다. 그러면서도 한편으로는 돈이나 일의 노예가 되기보다 좀 더 가치 있는 삶을 추구한다. 즉 가치 있는 성공을 꿈꾼다.

이런 꿈을 꿀 수 있는 것은 우리 인생에서 30대처럼 역동적이고 진취적인 시기가 없기 때문이다. 세상에 대한 두려움보다는 무엇이든 할 수 있다는 패기로 가득한 30대야말로 미래를 설계할 황금기이다. 이 시기에 인생을 잘 개척해야만 40대에 이르러 어떤 장애물과 유혹에도 굴하지 않고 바로 설 수 있다.

나는 젊은 농협인들에게 삶은 곧 도전이라고 말하고 싶다. 삶은 도전의 연속이다. 도전하는 삶이 아름답고, 도전할 때 비로소 삶은 빛이 난다.

도전이 아름다운 이유는 도전이 곧 희망이기 때문이다. 도전은 삶의 원동력이자 시발점이다. 보이지 않는 길도 도전하면 훤히 보인다. 그리고 포기하지 않는 한 결코 실패는 없다.

열정 없는 도전은 실패하고 만다. 열정은 다름 아닌 가슴 뛰는 희망의 속삭임이다. 그 희망과 열정이 없는 도전은 아무런 의미가 없다. 무언가를 이루려고 하는 도전이 아니라 다만 욕망을 채우려는 것이기 때문이다. 욕망을 채우려는 도전은 설령 성공했다 하더라도 진정한 성공이 아니다.

도전하는 사람은 한결같은 일관성이 있어야 한다. 초심을 잃지 않는 일관성, 공정하고 정직한 일관성 말이다. 나보다는 남을 생각하는 배려의 마음과 상대를 존중하는 마음, 낮은 자세로 몸을 낮추는 겸손함도 갖추어야 한다.

'등고자비(登高自卑)'란 말이 있다. 모든 것에는 순서와 원칙이 있다는 뜻으로, 남보다 앞서고자 한다면 자신을 낮추고 시작하라는 의미이다.

'도광양회(韜光養晦)' 란 말도 있다. 자신의 장점과 특기를 드러내기보다는 숨기는 지혜가 필요하다는 뜻으로, 재능은 숨길 때 진정으로 빛나는 것이므로 자신을 드러낼 때와 숨길 때를 알아야 한다는 의미이다.

이러한 자세와 처신은 지혜에서 나온다. 인생을 살다보면 누구나 다양한 경험을 통해 자신만의 성공 원칙이나 처세를 터득해 나간다. 하지만 그 과정에서 수많은 시행착오를 거치고 실패를 겪는다. 이는 지혜로 극복할 수 있다. 그러므로 도전은 지혜로워야 한다.

내가 이렇게 도전을 힘주어 말하는 것은 우리는 농협인이기 때문이다. 그 어느 누구보다도 농협인들은 도전정신을 가져야 한다. 그래야만 새로운 농협을 건설할 수 있다.

지금 우리 농촌의 현실은 암담하다. 고령화와 공동화로 미래는 없고 현재를 살기도 벅차다. 조합을 이루고 있는 조합원들은 절대 다수가 노인들이다. 도시 조합도 갈수록 이탈자가 늘고 있어 앞으로 농협이 생존할 수 있을지 모르겠다. 그러나 농협은 결코 사라지지 않는다.

농협의 뿌리는 누가 뭐래도 농민과 땅이다. 우리나라는 농민이 농사를 지어야 살 수 있다. 농민이 없는 세상은 있을 수 없다. 그래서 농협은 존재할 것이고, 농민이 단 한 명이라도 있는 한 농협은 있어야 한다.

농협인들이 도전해야 하는 이유는 여기에 있다. 이 땅의 근간인 농민을 살릴 수 있는 사람은 젊은 그대들이다. 다음 세대의 농촌을 만들고 미래지향적인 농협을 만들 수 있는 사람은 그대들 젊은 농협인들뿐이다.

협동조합 정신을 모르고 들어와도 좋다. 농협을 은행으로 알고 들어와도 좋다. 다만 농협에 몸을 담은 순간부터는 협동조합 정신을 배우며 익히고, 농협이 어떤 일을 하는지, 누구를 위한 것인지 깨쳐야 한다.

우리는 은행원이 아니다. 공무원도 아니고, 일반 기업체의 월급쟁이도 아니다. 우리는 농민운동가다. 그러므로 우리는 진정한 협동조합 정신으로 무장하고 조합원과 농민을 섬겨야 한다. 부단히 공부하고 노력하는 농협인, 그것만이 참 농협인이다.

농협 정신을 무조건 받아들이라고 말하지는 않겠다. 고루하고 진부한 것이 있다면 과감하게 버리고 시대의 흐름에 맞는 새로운 정신을 확립해야 한다. 그러나 옛것이라고 해서 배척하지는 말아야 한다. 온고이지신(溫故而知新)하면 일신우일신(日新又日新)할 수 있다는 것을 명심해야 한다.

농협의 힘은 엄청나다. 무한대다. 농협이 발전하면 지역사회가 발전한다. 그래서 농협의 힘과 역할이 중요하다. 이 무한대의 역량을 그대들 젊은 농협인들이 아낌없이 발휘하기를 나는 바란다. 그대들은 모두 지도자들이다. 그대들의 신념과 의지가 우리 농촌과 농민을 죽이고 살릴 수 있다.

'생애 최고의 날은 아직 살지 않은 날들'이라는 말이 있다. 언젠가 다녀왔던 해외연수 때 읽었던 책의 제목이다. 알고 보니 그리스의 시인 나짐 히크메트의 '진정한 여행'이라는 시의 한 구절이었다. 이 시를 들려주고 싶다.

진정한 여행

- 나짐 히크메트

가장 훌륭한 시는 아직 쓰이지 않았다
가장 아름다운 노래는 아직 불리지 않았다
최고의 날들은 아직 살지 않은 날들
가장 넓은 바다는 아직 항해되지 않았고
가장 먼 여행은 아직 끝나지 않았다

불멸의 춤은 아직 추어지지 않았으며
가장 빛나는 별은 아직 발견되지 않는 별
무엇을 해야 할지 더 이상 알 수 없을 때

그때 비로소 진정한 무엇인가를 할 수 있다

어느 길로 가야 할지 더 이상 알 수 없을 때

그때가 비로소 진정한 여행의 시작이다

시인은 노래한다. '가장 넓은 바다는 아직 항해되지 않았고, 가장 먼 여행은 아직 끝나지 않았다'고. '불멸의 춤은 아직 추어지지 않았으며, 가장 빛나는 별은 아직 발견되지 않는 별'이라고.

나는 그대들이 농협이라는 배를 타고 바다로 나아가 세상에서 가장 빛나는 별을 찾아 신명의 춤을 추기를 바란다. 농민을 위한 시를 쓰기를 바란다.

아직 살지 않은 날들을 생애 최고의 날들로 만들 그대들이여, 우리는 농민을 위해 봉사하는 농민운동가들이다. 이를 한시도 잊지 말고 가슴에 새기자.

내 반드시 당신을 탄핵하고 말겠소!

나는 1994년 농협중앙회 대의원을 시작으로 여러 직책을 맡으며 중앙회 일을 해왔다. 지금도 농협중앙회 '사업구조개편중앙위원회 공동위원장' 과 '사업구조개편대책위원회 공동위원장' 을 맡고 있다.

처음 대의원으로 나서서 중앙회 일을 하기 시작한 것은 합천군을 대표해 심부름을 하자는 생각에서였다. 나는 젊은 대의원으로 활약하며 지역을 위해 열심히 봉사했다고 자부한다. 중앙회 이사로 있는 지금도 군림하는 이사가 아닌 봉사하는 이사로 언제나 처음처럼 일하고 있다고 자신한다.

조합장이 조합원을 주인처럼 섬기듯 이사도 일선 조합장들을 주인으로 섬겨야 한다. 나는 경남을 대표하는 이사로서 조합장들 말씀이라면 하나도 빠뜨리지 않는다. 찾아가는 이사, 경청하는 이사, 실천하는 이사, 이것이 내가 생각하는 이사의 모습이며, 내 임무다. 지역을 위해 헌신할 수 있는 나는 아마도 세상에서 가장 행복한 심부름꾼일 것이다.

중앙회 일을 하면서 나는 많은 성취감을 얻었다. 특히 개혁과 관련한 일을 많이 맡았다는 데 보람을 느낀다. 농협 발전을 위해 일익을 담당하고 있다는 것은 즐거운 일이다. 그 중에서도 나는 이번에 통과한 농협법 개정에 나름대로 역할을 했다는 것이 기쁘다.

지난 3월 국회에서 농협법 개정안이 통과되면서 내년 3월부터는 새로운 농협이 출범한다. 경제지주와 금융지주로 전문화되는 농협의 최우선 책무도 농민이 생산한 농산물을 제값 받고 팔아주는 것으로 바뀐다.

그 동안 농협은 돈이 되는 신용사업에만 치중하고 경제사업은 소홀히 한다는 비판을 받아왔다. 농민을 위한 농협으로 새롭게 태어나야 한다는 시대적 요구에 직면해 있었다. 이번에 개정된 농협법은 이러한 요구를 수용하고 있다.

농협 개혁의 목소리는 20년 전부터 있었다. 이번에 개정된 농협법의 핵심인 신경(信經)분리가 처음 거론된 것은 1994년이었다. 이를 시작으로 2004년부터 본격적인 개혁의 깃발이 올랐고, 기나긴

진통 끝에 마침내 개정 농협법이 통과되었다.

나는 2007년 구성된 신경분리위원회부터 참여하여 2009년 농협법 개정안을 국회에 제출하고 이번에 통과될 때까지 개혁의 중심에 있었다. 이 과정에서 나는 피를 말리는 시간을 보냈다. 농협법을 입안하는 단계부터 전국의 조합장들을 대상으로 개정안에 대해 설명을 하는 과정까지 사업구조개편중앙위원회 공동위원장이었던 나는 수많은 비난을 감당해야 했다.

농협이 살기 위해서는 중앙회가 일선 조합과 농민을 위하는 조직이 되어야 한다. 농민이 살기 위해서는 경제사업을 중시하고 활성화해야 한다. 50여 년 전에 만든 농협법을 뜯어고치는 일에 나는 그 일념으로 참여했다. 과거의 고답적인 틀을 버리고 시대에 맞는 새로운 법을 만들기 위해 노력했다.

이 과정에서 일부 조합장들은 나에게 욕을 퍼붓기까지 했다.

"최덕규는 역적이다."

이런 말을 들을 때마다 나는 가슴이 무너졌다. 농협을 팔아먹는 놈이라는 비난을 들을 때는 괴로웠다.

이제 와서 말하지만 나는 공동위원장을 맡을 때 많은 고민을 했다. 잘못하면 역적이 될 수도 있고, 잘하면 충신이 될 수도 있기 때문이다. 나 또한 사람이라 두려운 마음이 들었다.

그러나 나는 진정한 농협을 만드는 길이 나의 사명이라고 생각했다. 충신이 되고자 하는 마음으로 맡은 바 직책을 수행하여 툭하면 국민의 지탄을 받는 농협을 새 시대에 맞는 새로운 옷으로 갈아입혀야 한다고 믿었다. 설령 역적으로 몰려도 더 이상 개혁을 늦추어서는 안 된다는 마음이었다.

고맙게도 전국의 조합장들은 차츰 나의 마음을 알아주었다. 과정은 지옥 같았지만 모두가 하나로 뭉쳤던 2009년 10월의 임시 전국대의원회에서 나는 개혁을 바라는 조합장들의 마음을 읽을 수 있었다.

그날은 농민단체를 비롯해 전문가들과 머리를 맞대고 만든 개정안을 상정한 날이었다. 나는 솔직히 두려웠다. 그 동안 쏟아져 나왔던 비난이 한꺼번에 터질 것을 생각하니 아찔했다. 아니나 다를까, 회의를 앞두고 열린 시도별 대의원 간담회에서 비판이 터져 나왔다.

"지금 농협을 말아먹자는 거요, 뭐요?"

"누구를 위한 개혁이오? 내 반드시 당신을 탄핵하고 말겠소!"

그날 나는 일부 대의원들의 서슬 퍼런 기세에 눌려 다음날 회의 걱정으로 한잠도 자지 못했다. 그때 심정은 개정안이 부결되면 깨끗이 물러나리라는 것이었다. 총괄적인 책임을 맡았으니 안 되면 승복하는 게 도리였다.

다음 날 나는 회의 시작과 함께 얼마나 가슴을 졸였는지 모른다. 속이 새카맣게 타들어가는 심정이었다.

다행히도 회의는 순조로웠다. 개회에 이어 제안설명까지 회의장은 고요하기만 했다. 이어진 토론 때도 이상하다 싶을 만큼 분위기가 좋았다. 비토할 거란 예상을 깨고 하룻밤 사이에 마음이 바뀌었는지 반대하고 나서는 대의원이 하나도 없었다. 그리고 마침내 개정안은 가결되었다. 그것도 만장일치였다.

가결을 선언하는 의사봉이 내려쳐지는 순간, 나는 벅찬 마음에 만세라도 외치고 싶었다. 농협 개혁을 위해 무언가를 해냈다는 기쁨도 컸지만 대의원들이 나를 믿어주었구나 하는 마음에 천군만마를 얻은 기분이었다.

그날 나는 새롭게 만들어진 사업구조개편대책위원회 공동위원장을 맡게 되었다. 그간 너무 마음을 졸이며 힘든 시간을 보냈기에 피하고 싶은 마음이 없지는 않았으나 시작을 했으면 끝을 봐야 한다는 생각에 기꺼이 맡았다. 내 뒤에는 만장일치로 힘을 실어준 전국의 대의원들이 있다는 마음에 더 이상 두려울 것도 없었다. 이런 자신감은 정부와 국회를 상대로 더욱 열심히 일하는 동력이 되었고, 개정안이 통과되는 기쁨까지 얻었다.

개정 농협법이 통과되던 날, 나는 궂은일을 도맡아 뛰어다녔던 지난날들을 떠올려보았다. 농협을 말아먹는다는 비난을 감수하고서 뛰어다닌 날들은 이제 영광으로 남았다. 내년에 새로운 체제로 출발하는 농협은 농민을 위한 농협, 국민에게 신뢰 받는 농협으로

거듭날 것이다. 이제 시작이다. 나는 새 시대 새로운 농협을 위해
지금까지 그래왔던 것처럼 주춧돌을 놓는다는 마음으로 몸을 사리
지 않고 내 모든 열정을 바칠 것이다.

희망의 빛을 안겨줄 토종은행

"신용사업을 중심에 둔 지주회사 분리는 농촌경제를 파탄으로 몰고 갈 것이다."

"조합원에 대한 서비스보다는 영리 위주의 경영을 지향할 것이다."

"금융지주 설립은 경제사업 지원을 더 어렵게 할 것이다."

사업분리를 골자로 하는 농협법 개정안이 통과되자 여기저기서 터져 나오는 소리다. 환영보다는 비판의 소리가 더 높다. 그들의 주장을 모르는 바 아니다. 충분히 알고도 남는다.

농협금융지주의 탄생이 초읽기에 들어가자 업계도 바짝 긴장하고 있는 것 같다. KB금융지주, 우리금융지주, 신한금융지주 등 이

른바 '빅3'가 잔뜩 경계를 하고 있다. 자산 200조 원 규모의 농협금융지주의 등장으로 '빅4' 시대를 예고하고 있으니 그럴 만도 하다.

일부 단체들은 결의대회까지 열면서 농협법이 개악이라며 반발하고 있다. 그들은 "농협금융지주 설립은 농민자산을 투기자본에 넘기는 것"이라며 목소리를 높이고 있다. 한마디로 농협을 대형 투자은행으로 만들겠다는 것 아니냐는 것이다.

그들은 또 신용사업을 중심에 둔 지주회사를 만들면 농민 조합원들의 이익 증진보다는 오히려 농민을 대상으로 장사를 하면서 그동안 어렵게 펼쳐오던 경제사업에 대한 지원이 더 어려울 수 있다고 주장한다. 중앙은행과 지역조합이 경쟁구도에 놓이게 되어 상대적으로 자본력이 약한 1,200여 지역농협들이 앞으로 5년 안에 해체될 것이고, 그러면 결국 지역경제도 휘청거릴 거라고 주장한다. 심지어는 농협은행이 출범해 금융시장에 상장될 경우 외국의 사모펀드들이 대규모 출자를 하여 투기은행들의 먹잇감이 될 거라는 주장도 편다. 지난 50년 동안 농민이 뼈 빠지게 만든 농협중앙회와 그 자산을 투기자본에 넘기고 말 거라는 말도 서슴지 않는다.

이들 주장은 한마디로 요약할 수 있다. 농협법 개혁의 골자인 사업분리는 안 된다는 것이다. 나는 이들에게 농협을 다시 한 번 들여다보라고 말하고 싶다.

사업분리의 목적은 금융지주와 경제지주 등 업종전문화를 통해 많은 이익을 내어 농민들에게 돌려준다는 것이다. 경제사업을 활성화하기 위해서는 많은 자본이 필요하다. 사업분리의 목적은 바로 이것이다.

협동조합의 근본은 경제사업을 통해 농민들에게 실익을 안겨주는 것이다. 쉽게 말해 농산물과 축산물을 제값 받고 팔아서 그 이익을 농민들에게 돌려주는 것이다. 그런데 지금 같은 구조로는 어렵다. 현재와 같은 시스템으로는 경제사업으로 이익을 만들 수 없고, 사업도 해마다 많은 적자를 보고 있다. 이런 부분들을 해소하기 위해서는 금융지주가 필요하다. 이를 통해 중앙회를 연결고리로 하여 경제사업을 지원하고 활성화해야 한다. 즉 농민들에게 실익을 주는 시스템을 만드는 것이 이번 개혁의 목적이다.

나는 사업구조 개편을 또 다른 시선으로 보고 있다. 그것은 우리만의 토종은행을 만들어야 한다는 것이다.

우리나라에는 세계적으로 자랑할 만한 생태계의 보고(寶庫)가 있다. 비무장지대(DMZ)다. 그런데 이곳이 지금 심각하게 훼손되고 있다. 토종식물을 내쫓는 외래종들이 대거 침투한 결과다. 착근력과 번식력이 뛰어난 외래종들은 습지의 물을 말라버리게 할 정도라고 한다. 민족의 역사를 상징하는 비무장지대가 '굴러온 돌이 박힌 돌을 뽑는 공간' 으로 변하고 있다.

비무장지대뿐만이 아니다. 우리나라 최대의 천연 늪으로 유명한 우포도 마찬가지다. 우포는 희귀 동식물이 서식하여 가히 동식물의 천국이라 불린다. 인류가 존재하기도 훨씬 전인 1억 4천만 년 전 공룡의 시대에 형성된 우포는 아직도 태고의 모습을 그대로 유지하고 있다. 신비감과 경외감을 선사하고 있는 이 우포가 지금 외래종의 출현으로 파괴되고 있다. 환경올림픽이라 불리는 '람사스총회'에서 보전 습지로 지정할 만큼 온갖 풀과 나무, 곤충, 물고기, 새, 그리고 인간을 품에 안은 자애로운 이곳 역시 외래종 침투로 생명을 위협받고 있다.

외래종이 토종을 밀어내는 모습은 비단 생태계에서만 볼 수 있는 일이 아니다. 간판은 그대로이나 주인이 외국인으로 바뀐 국내 은행들의 실상을 보면 DMZ나 우포의 현실과 크게 다를 바 없다.

금융자본은 국가경제의 심장과 같다. 우리는 한때 공적자금까지 동원하여 쓰러져가는 은행들을 회생시킨 적도 있다. 그런데 지금 이들 은행의 대부분은 외국자본의 손으로 넘어갔다. 외환위기 이후 자본시장이 풀리면서 국내 은행은 해외자본의 유입으로 사실상 외국인 천하가 되었다. 이러다 보니 국내 은행들의 총 배당금 중 절반이 넘는 막대한 돈이 외국으로 빠져 나가고 있다. 이는 명백한 국부유출이다.

외국인 지분율이 높아지고 있는 금융자본에 맞서기 위해서는 외래종에 맞설 토종을 살려내는 일이 시급하다. 그래야만 국부유출을 줄일 수 있고, 은행의 공공성과 공익성을 담보할 수 있다.

미국은 1988년부터 '엑손 플로리오법'을 제정하여 외국자본에 대한 자국의 보호를 제도화했다. 영국은 공익에 반하는 외국인의 투자에 대해 금지 또는 철회명령이 가능하도록 법으로 규정했고, 프랑스 역시 '화폐재정법'에 근거하여 국가안보 및 공공질서에 영향을 주는 외국인 투자를 제한하고 있다. 이웃나라 일본도 '외환과 무역법'에 외국인 투자에 대한 사전 심사조항을 엄격히 명시하고 있다.

외국계로 바뀐 은행들은 수익성을 높이는 일이 모든 것에 우선한다. 그들은 PB, VIP뱅킹 등에 주력하며 부유층만을 주 고객으로 삼으려 한다. 그 결과 서민과 중소상인, 농민들이 홀대를 받고 있다.

이뿐만이 아니다. 국내 금융시장이 불안해지거나 공공성과 공익성이 요구되는 사안이 발생했을 때 이들은 독자행동을 취하거나 정부 정책에 협조하지 않을 가능성도 있다. 물론 은행은 기본적으로 수익성을 추구하는 기관이다. 하지만 국가 인프라에 해당하는 지급결제 기능을 수행하고 통화 신용정책의 전달 경로라는 점을 감안하면 공공성과 공익성 역시 간과할 일이 아니다.

선진국들은 국부유출을 막고 공공성과 공익성을 담보하기 위해, 그리고 서민들에게 턱없이 높은 은행 문턱을 낮춰주기 위해 법적인 보호장치를 마련하며 자국의 토종 금융기관 육성에 힘을 쏟고 있다.

그런데 우리나라는 어떤가? 지금 우리나라 금융기관은 외래종의 난입으로 먹을거리에 원산지 표지를 하듯 '원산지 표시제'를 도입해야 할지도 모르는 처지에 놓여 있다.

금년 들어 벌어지고 있는 우리금융 민영화 작업을 보면서 나는 강력한 토종은행이 나와야 한다는 생각을 더욱 하게 되었다. 우리금융은 2001년 탄생한 최초의 은행 중심 금융지주회사다. 이후 KB금융, 하나금융, 신한금융 등 메가뱅크가 속속 탄생했고, 이들 메가뱅크는 정부의 여러 가지 정책적인 혜택에 힘입어 덩치를 키우며 공룡이 되었다.

문제는 커진 덩치에 비해 경쟁력이 그리 높지 않다는 것이다. 세계경제포럼(WEF)에서 발표한 '2010 세계경쟁력보고서'에 따르면 우리나라의 금융시장 성숙도는 최하위권인 83위에 머물러 있다.

지금은 무한경쟁을 화두로 하는 글로벌 시대다. 앞으로 우리나라는 속속 체결되는 FTA에 따라 금융규제가 더욱 완화될 것이다. 이런 가운데 세계의 금융회사들이 들어오면 경쟁력이 약한 국내 금융회사는 부실화의 길을 걸을지도 모른다.

나는 그 동안 경쟁력 있는 토종은행을 키워야 한다고 주장해왔다. 농협금융지주는 글로벌 시대에서 경쟁력을 발휘할 수 있는 유일한 토종은행이다. 나는 우리 농민들의 힘으로 키워낸 토종은행이 우리나라 금융산업의 발전은 물론 사업구조 개편의 목적을 충분히 수

행할 것이라고 믿어 의심치 않는다. 그리고 열악한 구조의 경제사업을 되살리면서 농민들에게 희망의 빛을 안겨줄 것이라고 믿는다.

발걸음이 가벼운 사람

나는 산에 올라 내려가는 사람을 두 가지 유형으로 나눈다. 발걸음이 무거운 사람, 발걸음이 가벼운 사람.

발걸음이 무거운 사람은 산을 오르기 전부터 발걸음이 무겁다. 정복자의 마음으로 산을 보기 때문이다. 저 산을 기필코 정복하고야 말리라 하는 마음으로 전의를 불태운다. 산에 오를 때도 발걸음에 잔뜩 힘이 들어간다. 마치 군화를 신은 사람처럼 산길을 찍듯이 밟고 올라간다.

발걸음이 무거운 사람은 산을 보지 않는다. 산을 함께 오르는 사람들도 눈에 들어오지 않는다. 꽃과 나무가 속삭이는 소리도 듣지 못하고, 땀에 젖은 몸을 식혀주는 바람도 느끼지 못한다. 맑은 하늘과 햇살이 자신을 내려다보고 있다는 것을 모른다. 그의 눈에는 오직 정상만 보이고, 마음은 바쁘기만 하다.

발걸음이 가벼운 사람은 마음부터 가볍다. 산이라는 위대한 자연 앞에 마음을 비우고, 산을 오를 수 있다는 것에 감사한다. 발걸음은 나비가 춤을 추듯 하고, 얼굴에는 기쁨의 빛이 흘러넘친다. 콧노래도 절로 나온다.

발걸음이 가벼운 사람은 정상을 바라보지 않는다. 산을 함께 오르는 사람들과 벗이 되어 서로의 어깨를 다독인다. 꽃과 나무가 속삭이는 소리에 깊고 나직한 노래를 흥얼거리고, 몸을 쓸고 지나가는 바람을 반갑게 맞아들인다. 이따금 쉬어 가기도 하고, 오늘 오르지 못하면 내일 오르리라 생각한다.

떠나는 뒷모습이 아름다운 사람은 발걸음이 가벼운 사람이다. 자신에게 주어진 책임과 의무를 다했으므로 발걸음이 무거울 리 없다. 설령 하고자 하는 일을 다 하지 못했을지라도 연연하지 않는다. 다음 사람이 이어서 더 잘할 것을 믿기 때문이다. 오직 자신의 일을 다 했다는 행복한 충만감에 발걸음이 가볍다. 그 뒷모습에는 명예욕도 없고, 권력욕도 없다. 티끌 하나 없는 순정한 마음뿐이다.

떠나는 뒷모습이 아름답지 못한 사람은 발걸음이 무거운 사람이다. 정복자의 마음으로 정상에 섰고, 달콤한 권력에 길들여져 그 권력을 놓고 싶지 않기 때문이다. 책임과 의무는 저버린 지 오래고, 오직 자리를 지키려고 수단과 방법을 가리지 않는다. 어쩔 수 없이 떠나야 할 때도 권력을 놓았다는 불안감에 발걸음이 무겁다. 그 뒷모습에는 자신을 방어하기 위한 방패가 씌워져 있고, 그 방패도 남루하기만 하다.

그런데 이런 사람도 있다. 올라갈 때는 발걸음이 가벼웠는데 내려올 때는 발걸음이 무거운 사람.

이런 사람은 처음 마음을 잃은 사람이다. 사람의 향기 은은한 세상을 만들리라 스스로 약속하고도 정상에 올라서면 어느새 헛된 명예와 권력에 취해 이성을 잃고 만다. 주어진 일을 다 하지 못하면 내 탓이 아닌 남의 탓으로 돌리고, 책임과 의무는 헌신짝처럼 버린다. 내가 아니면 안 된다는 식으로 사람은 보지 않고 오직 나만 본다.

발걸음이 무거운 사람은 처음부터 실패의 길을 스스로 만든다. 그래서 안타깝고, 연민이 간다. 실패의 길로 들어서기 전에 그 앞을 가로막고 구원을 하고도 싶고, 욕망을 버리지 못하고 기어코 길을 걸어 실패의 나락으로 떨어졌다 해도 따뜻하게 마주앉아 쓸쓸한 마음을 위로해주고 싶다.

그러나 처음 마음을 잃고 타락의 길로 빠지는 사람은 손을 잡아주고 싶은 마음이 없다. 값싼 동정은 오히려 치유할 수 없는 상처를 준다. 그 상처는 생을 망치게 할 수도 있다.

이런 사람은 곁에서 바라보며 기다려 주어야 한다. 욕망이라는 덫에 걸려 어떤 모습으로 변했는지, 권력이란 얼마나 허무한지 스스로 깨닫고 벗어날 수 있도록 지켜보아야 한다. 그런데 이런 사람은 처음부터 실패의 길을 자초한 사람보다 순정한 마음을 찾는 데 오랜 시간이 걸린다. 그만큼 인생이라는 시간을 더 많이 허비한다.

초심, 이것처럼 지키기 어려운 것도 없다. 그래서 많은 사람들이 실패의 늪에 빠져 허우적거린다.

나는 초심을 잃은 사람들을 많이 봐왔다. 그들은 하나같이 성공을 자신했지만 모두 실패하고 말았다. 우리 역사에 실패자로 기록된 사람들은 초심을 지키지 못한 사람들이다. 그들의 말로는 비참했다. 안타까운 것은, 그들은 생을 마치는 순간까지 왜 실패했는지 모른다는 것이다. 초심을 잃어버린 순간 그 잃어버린 초심이 비집고 들어올 마음의 공간이 사라졌기 때문이다.

오르막이 있으면 내리막이 있다, 초심을 지키려면 이런 마음을 가져야 한다. 이런 마음은 발걸음을 가볍게 한다. 뒷모습도 당당하다. 정상에 올라 내려올 때도 올라갈 때와 똑같이 나비와 꽃을 즐거이 볼 수 있고, 불어오는 바람과 맑은 햇살을 기쁘게 받아들일 수 있다.

나는 역사에 실패자로 기록되고 싶지 않다. 아니, 거창하게 역사를 바라지 않는다. 나는 내 인생의 실패자가 되고 싶지 않다. 어두운 골목길을 초라한 뒷모습으로 비틀거리며 걷고 싶지 않다. 눈이 오나 비가 오나 바람이 부나, 나는 한결같은 모습으로 밝은 길을 당당하게 걷고 싶다.

내가 꿈꾸는 세상

우리 조합은 공동체 행사를 가장 중요하게 여긴다. 공동체 행사를 통해 우리는 하나로 얼싸안을 수 있기 때문이다. 정월 초하루마다 하는 해맞이 행사를 비롯해 풍년기원제, 새농민대회 등 행사를 많이 하는데, 그때마다 조합원들과 지역민들이 한마음이 되어 참여한다.

행사를 할 때는 준비를 철저히 한다. 정월대보름에 하는 풍년기원제 같은 경우는 보통 천 명 이상 참여한다. 어떨 때는 외지에서 찾아오는 사람들까지 2천 명이 넘을 때도 있다. 조합 행사에서 시작되어 이제는 지역 축제로 자리를 잡았다. 그래서 행사를 준비할 때부터 많은 신경을 쓰는데, 달집을 태우며 액운을 몰아내고 한바탕 마을 잔치를 푸짐하게 치르면 그렇게 기분이 좋을 수 없다. 잔치가 끝나도 아쉬움에 발길을 돌리지 못하는 사람들을 볼 때면 뿌듯한 마음에 즐겁고, 더 많은 잔치를 마련해야겠다는 다짐을 하게 된다.

정월 초하루에 하는 해맞이 행사는 우리 조합의 시무식이다. 시무식을 해맞이로 한 지는 벌써 15년이 되어간다. IMF 외환위기 때부터 시작했는데, 이 역시 이제는 지역민의 잔치가 되었다.

어느 조합이고 예전에는 한 해를 마무리하는 12월 31일이 가장 바쁜 날이었다. 결산을 해야 하기 때문에 자정이 넘어 퇴근하는 것이 다반사였고, 결산이 안 되면 늦은 밤까지 농가를 방문하는 등 어떡하든 결산 마감을 해야만 했다. 그러다 보니 종무식과 시무식은 커녕 새해가 밝아도 시작이란 게 없었다.

새해 첫 날을 사무실에서 야근을 하며 맞아야 하는 풍경은 나도 그렇고 직원들도 바라는 모습이 아니었다. 어느 누가 정월 초하루를 일하면서 맞이하고 싶겠는가. 그래서 시작한 것이 해맞이 시무식이다. 지나간 해는 야무지게 정리하고 정갈한 마음으로 새해를 맞이하자, 이런 생각이었다.

처음에는 매화산 남산제일봉에 올라 해맞이를 했다. 신라 문무왕 때 원효대사와 의상대사가 창건했다고 전해지는 청량사에서 오르면 2시간 정도 걸리고, 해인사관광호텔에서 오르면 1시간 정도 걸리는 거리라서 오르기도 맞춤했다. 지금은 가야산과 잇닿은 북두

산에서 한다.

시무식으로 시작한 해맞이는 지역민들의 공동체 행사가 된 지 오래다. 직원들만 참여했던 시무식이 가족들까지 참여하는 행사로 발전하여 이제는 마을 잔치가 되었다. 우리는 새해 첫 해를 바라보며 정성스럽게 준비한 떡국을 나누어 먹으며 소망을 빈다. 마을의 안녕을 빌면서 화합을 다지는 해맞이를 마치고 나면 한 해가 다 우리 것만 같다.

무엇보다 나는 사람들과 함께 산길을 오르는 것이 좋다. 해맞이를 하려면 새벽부터 일찌감치 서둘러야 한다. 산을 오를 때는 한 치 앞도 안 보이는 캄캄한 산길을 걸어서 오른다. 한겨울이라 눈이 많이 쌓여 있는 것은 당연하고, 해맞이 당일 눈이라도 내리면 길조차 찾을 수 없다. 그러니까 길도 없는 길을 오르는 것이다.

그런데도 사람들은 빠지지 않고 온다. 그리고 앞도 안 보이는 길을 만들면서 산을 오른다. 서로가 손에 손을 잡고 오르다 보면 어느새 정상이다. 정말 신기할 정도다.

'도행지이성(道行之而成)'이라고 했다. 장자 철학의 핵심이라는데, 도(道)는 그냥 수양하며 이루는 것이 아니라 걸어감에 의해 이루어진다는 뜻이다. 아무런 길이 없는 하얀 눈밭을 걸어가다가 뒤를 돌아보았을 때 자신의 발걸음을 따라 생긴 그 길이 바로 도라는 것이다. 즉 길은 미리 나 있는 것이 아니라 걸어가야만 만들어진다는 말이다. 그리고 길은 걸어간 만큼만 만들어진다고 했다.

나는 캄캄한 산길을 오르면서 장자의 말을 떠올린다. 길도 안 보이는데 우리는 함께 길을 만들면서 산을 오른다. 그 길을 만들어 가다 보면 정상에 올라 있다. 그냥 머물러 있지 않고 모두가 한마음으로 만들어가는 길, 길을 만든 사람들이 만나는 아름다운 세상, 내가 바라는 세상이다.

나는 인생이란 이렇다고 생각한다. 나 역시 앞도 보이지 않는 길을 만들면서 걸어왔다. 처음에는 혼자였지만 지금 내 곁엔 많은 벗들이 있다. 형제와 자매, 부모, 아들딸 같은 우리 지역 사람들이 내게는 벗이다. 벗들이 있어 나는 고통도 없고 슬픔도 없다. 좌절도 없고 실패도 없다. 내 앞에는 오직 내가 걸어가야 할 길만 있다.

　나는 이 길을 가진 것은 없지만 마음만은 순정한 사람들과 함께 걸어갈 것이다. 세상에서 가장 아름다운 얼굴로 웃는 사람들과 어우러져 길을 만들 것이다.

　나는 믿는다. 우리가 걸어가는 길 끝에는 낙원이 있으리라는 것을. 농민이 주인인 세상이 기다리고 있다는 것을. 그 낙원에서 우리는 함께 만든 길을 돌아보면서 모두가 하나가 되어 흐드러지게 신명난 춤을 출 것이다.

길은 만들어가는 것이다

초판 1쇄 인쇄 2011년 8월 16일
초판 1쇄 발행 2011년 8월 22일

지은이 최덕규
펴낸이 윤영걸 **담당PD** 유철진 **펴낸곳** 매경출판(주)
등 록 2003년 4월 24일(No. 2-3759)
주 소 우)100-728 서울 중구 필동1가 30번지 매경미디어센터 9층
전 화 02)2000-2647(사업팀) 02)2000-2636(마케팅팀)
팩 스 02)2000-2609 **이메일** advr@mk.co.kr
인쇄·제본 (주)M-print 031)8071-0961

ISBN 978-89-7442-766-5
값 12,000원